あやしい投資話に乗ってみた

ファイナンシャルプランナー　藤原久敏

彩図社

はじめに

なんとなく、あやしい。

でも、**けっこう儲かるらしい**。

とはいえ、やっぱり怖い。


未公開株に和牛オーナー、海外ファンドに先物取引……こういった投資に対して、皆さんが持っているイメージだと思います。

そして、そんなあやしい投資に興味を持ち、引き寄せられる人は少なくありません。私もその一人です。

しかし、興味はあっても、実際に投資するとなると、なかなかできないものです。あやしい、怖い、と思っているものに、そう簡単に手は出せませんよね。

そこで本書では、私自身がこれまで、そういったあやしい投資に首を突っ込んで得た経験を、**渾身の実録レポート**としてまとめました。

はじめに

私は普段、ファイナンシャルプランナー（ＦＰ）というお金の専門家として、フリーの立場で、投資に関する相談、講演、執筆活動をしています。

と同時に、プライベートでは、一人の投資マニアでもあります。

私が投資を始めたのは、社会人1年目。

初めてのボーナス30万円をすべてつぎ込み、某コンビニチェーンの株式を買いました。その店で売っているソフトクリームが美味しいから、と、ただそれだけの理由で買いました。今思えば、とんでもない理由で、30万円もの大金をつぎ込んだものです。

結局、株価は急落して、ボーナスはアッという間に、半分になってしまいました……。それで自暴自棄になったことも若干の後押しになって、ほどなくして、会社を辞めました。そして、完全に見切り発車で、ファイナンシャルプランナーとして独立します。

しばらくは暗中模索の日々でしたが、せっかく独立したのだから、自分の好きなジャンルで勝負しよう、と考えます。そこで、**「投資が大好き」**という性分を存分に活かし、あらためて、投資の知識と経験を積む努力をしました。

株式、債券、投信、外貨はもちろんのこと、それだけでは飽き足らず、未公開株、和牛オーナーといったあやしい投資にも、ガンガン手を出しました。初めての投資から15年以上を経て、それなりの知識と経験は積んできたと自負しています。

執筆に際しては、ファイナンシャルプランナーとしての視点と知識で、分かりやすく書きました。さらには、投資マニアならではの立場と経験から、臨場感溢れる内容としました。多少の個人的見解（偏見）はご容赦ください。

あやしい投資って、本当のところは、どうなんだろう？

本書を読んで疑似体験していただき、少しでもお伝えできればと思っています。

ファイナンシャルプランナー　藤原久敏

あやしい投資話に乗ってみた

もくじ

1章　未公開株を買ってみた

2章　新規公開株を買ってみた

3章 和牛オーナーになってみた

4章 海外ファンドを買ってみた

5章 超高金利の銀行に預金してみた

6章 ＦＸで新興国通貨に投資してみた

7章 先物取引をやってみた

1章

未公開株を買ってみた

勧誘の電話がかかってきた

今から10年ほど前のことです。突然、こんな電話がかかってきました。

「非常に将来性のある企業をご紹介させていただきたく、お電話させていただきました」

今思えば、将来性があるかどうかなんて主観的なものですから、「将来性がある」と断言している時点で、すでに**アウトな勧誘**ですね。

そして電話口からは、息つく暇なくセールストークが。

「××株式会社と言いまして、医療における、世界的な特許を取得している会社です。この特許を活かした治療技術が確立されれば、将来、多くの難病を治癒する可能性を秘めており……」と、延々と続きます。

聞けば、未公開株を取り扱う業者のようです。

ハッキリと「この会社に投資すれば、儲かります」とは言いません。しかし、今、その会社の株式を買っておけば、**将来儲かりますよ、と言わんばかりのトーク**が続きます。

ただ、調子のよいことを勝手にベラベラ話されても、あやしいだけです。

もちろん、多くの人は、「興味ありません」と一蹴することでしょう。

そもそも、そんな将来性のある有望な企業を、見ず知らずの人間にわざわざ電話をして勧誘するものか……少し考えれば、いや、考えなくても、おかしな話ですからね。

ただ、私は当時、お金の専門家であるファイナンシャルプランナー（以下、FP）として独立して4～5年が経ち、仕事に自信を持ち始めていた頃でした。とくに投資関連の仕事（相談・講演・執筆）を手がけ始め、私自身も株式投資を本格的にやり始めていた頃です。30歳手前の血気盛んな頃でもあり、「私を誰だと思っているんだ」と、今思えば、かなりねじ曲がったプライドが刺激されたのです。

そして、電話を切らずに、話を聞きました。

相づちをフンフンと数回打っただけですが、これが相手には非常に心地よかったようで、だんだんとテンションが上がってくるのが分かります。普段は、素っ気なく断られているからでしょう。

そして、「ご興味おありとのことで、資料を送らせていただきますね!!」と、とりあえず資料を送ってもらうことになりました。

資料が山ほど送られてくる

さっそく速達で送られてきた封筒には、資料がズッシリ詰まっていました。

そして、これみよがしに切手がベタベタに貼られております。重量のある郵便物、しかも速達なので、かなりの切手代です。宅急便の方が安くついて、見た目もスッキリするのに……でも今思えば、**「これだけお金を使ってお送りしましたよ」**と、暗にプレッシャーを与える作戦だったのでしょうか。

さて、気になる資料ですが、そのほとんどが、彼らが勧める「将来性のある会社」についての紹介でした。記憶では、たしかバイオベンチャー企業だったと思います。大層な肩書と経歴を持った開発者が、とにかくスゴイ技術を持っていますよ、と。

キレイなパンフレットはもちろんのこと、その企業が紹介された新聞や雑誌の記事コピーなど、その技術や実績を裏付ける（権威づける）資料が盛りだくさん。

よくもまぁ、これほどかき集めたなぁ、と。

その後、他の業者からも同様の電話セールスが次々とかかってきます。

やはり、こういったセールスに好意的な反応を示すと、**「コイツは話を聞いてくれる」**

リストに入るようですね。もっとも、こちらも腹をくっているので、資料だけはバンバン取り寄せました。

そして届いた資料は、やはり、おススメの「将来性のある会社」の資料。パチンコ機材メーカーだったり、コンピューターソフトウェア会社だったり、その業種は様々ですが、その会社に関する新聞・雑誌記事や、事業内容の将来性などの資料が、パンパンに詰まっておりました。

それら企業の未公開株式を、1株20万~50万円程度でお譲りしますよとの案内です。電話セールス業者の中には、「直接、資料をお渡ししたい」と、迫ってくるケースもありました。

彼らは、グイグイ攻めてきます。

「ちょうど今、お客様の自宅周辺に来ておりますので、ぜひ!」

など調子の良いセリフに、嘘つけ、と思いながらも、せっかくなので興味本位で会ってみることにしました。

とはいえ、自宅に来られるのは嫌なので、「仕事の途中に、受け取るだけならいいですよ」と、大阪市内のとある駅改札前で待ち合わせをしました。

やってきたのは、ホスト崩れのような、20代前半の若者でした。髪は染めてはいないものの、ツンツン頭。光物はつけてはいないものの、香水臭くて、靴はつま先が微妙に尖っているタイプでした。

例によって、持ってきたのは、パンパンに詰まった資料です。

ほとんど話をせずに、本当に「受け取るだけ」。はた目には、何だか**ヤバい物の受取現場**のようだったかもしれません。

さて、これら受け取った資料一式に目を通して、私は非常に違和感を覚えました。

それは、**大切なものが足りない**。足りない、というか、あえて入れていないと言った方がよいかもしれません。突っ込まれたくない、と言い換えてもよいでしょう。

その大切なことは、電話セールスでも、まったく触れられていませんでした。

さて、その大切なものとは何でしょうか？

それはまた、後ほど……。

実際に業者に会ってみた

さて、資料が届いたあたりに、当然のごとく、また電話がかかってくるわけです。

「藤原さん、資料はお読みいただけましたか？」

心なしか、前回の電話に比べ、**やたら親しげな口調**になっています。資料郵送を受け入れたことで、こちらのガードが一枚崩れたと思っているのでしょうか。いえいえ、崩していませんよ。

そして、「資料をお送りしたわけですから、次はお会いして、より詳しくご説明させてください」と。

予想通りの展開です。わざわざ資料を送ったのだから、次は当然、会って話をするべきだろう、との**売り手の強引な理屈**ですね。気弱な人なら、ここで負い目を感じることでしょう。

もっとも私の場合、「セールスではまったく触れられていない、大切なこと」を直接に確かめたかったこともあり、セールス業者と会ってみることにしました。

すでに一度、資料受け渡しでこの類の業者と接していたことで、実際に会うことへの抵抗は薄れていたことも大きな後押しでした。

とりあえず1社、比較的、電話対応が良かった業者とアポを取りました。

ただ、やはり自宅に来られるのは嫌で、かといって、業者の事務所に乗り込むのも抵抗があります。なので、喫茶店で落ち合うことになりました。

私としては、少しでも心理的に有利に立つべく、行きつけの喫茶店を指定しました。男性だけでは入りづらいメルヘンチックな喫茶店で、焼きたてアップルパイの美味しいお店です。


さて、待ち合わせに現れたのは、脂ぎった中年の男性が一人。

スーツ姿ですが、あまり着慣れていない感じで、全体的にシルエットが微妙な感じでした。以前、資料受け取りのときに会った人（20代前半のホスト崩れ）とは、まったくタイプが異なります。

残念ながら、メルヘンチックな喫茶店が、絶対に似合わないような人です。

会った瞬間、この人と一緒にこの店は入りたくない……と思いましたが、もはや時すでに遅し。悩んだ挙句、シナモンチャイを注文し、彼の話を聞くことに。

話してみると、まぁ、普通の営業マンといった感じです。強いて言えば、少々早口かなという程度です。

で、肝心の内容ですが……やはり、「紹介する会社が、いかに素晴らしくて、将来性があるか」ということでした。基本的には、電話口でのセールスや、送られてきた資料の内容と、変わりません。

だんだん早口になってくる彼のトークに、ほどよく相づちを打ちながら、しばらく様子を見ていました。

しかし、私が気になる大切なことには、一向に触れる気配はありません。電話口セールスでも、送られてきた資料でも、まったく触れられずにスルーされていた、大切なことです。

それは、**「株式公開に向けた、ハッキリとした動き」**です。

その会社が、株式公開に向けて、どの段階まで進んでいるのか。

株式公開準備室を開設したとか、証券会社とコンサルティング契約をしたとか、誰がどう見ても、ほぼ確実に株式公開をするであろうという、ハッキリとした確証が欲しいのです。

さらに言えば、その業者がこれまで扱った「将来性のある企業」の中で、実際に株式公開した会社があるのか、という実績も知りたいのです。

彼のトークが一息ついたところで、ズバリ面と向かって、**「で、その会社は、絶対に株式公開するのですか？」**と聞いてみました。

未公開株の醍醐味は「ゼロの数」？

さて、業者が何と答えたのか……気になるところですが、ここで少し、未公開株の説明をしておきましょう。

未公開株とは、株式公開をしていない会社の株式のことです。

ですので、株式公開をしている会社の株式（上場株式と言います）のように、原則として、自由に売買はできません。ちなみに、一般に「株式投資」と言う場合、それは上場株式のことを言います。

この未公開株投資の醍醐味は、何と言っても、その株式が公開（株式上場）されることにあります。

成長著《いちじる》しい会社は、より多くの人に株式を買ってもらうため、また株式公開により知名度を上げて優秀な人材を確保するため、などの目的から、株式公開をする可能性が高いのです。

株式公開されれば、証券取引所で自由に売買できるようになります。自由に売買されるということは、公に取引される株価が決まるわけです。

株式公開をするくらい勢いのある会社ですから、皆、その会社の株式を欲しがります。

なので、株式公開されることになれば、株価が跳ね上がる可能性が大いにあるのです。

こんな話があります。

とあるＩＴ企業に勤める新入社員が、満足にもらえない給料の代わりに、自社株を割安に取得していました（正確には、自社株を割安に購入する権利を受け取っていた）。

もちろん、その会社の株式は、未公開株です。

数年後、その会社は急成長して、株式を公開しました。それにより、その新入社員はなんとウン百万円もの利益を手にすることができた、とか。

ちなみに大株主である創業社長クラスになれば、株式公開により、ウン千万円から億単位のお金を手にすることも珍しくありません。実際、私がお世話になっている会社の創業社長などは、株式公開した際、**通帳にはこれまでに見たことのないくらいゼロが並んだ**と言っておられました。

新たに株式公開をした会社は、２０１４年で77社、２０１５年で92社、２０１６年も同程度が見込まれています。

その大株主は、創業社長や投資ファンドであることがほとんどですが、社長の親族・友人・取引先・従業員など、未公開株の段階からその株式を手にしている人たちも、少なからずいるわけです。

そして、将来有望な会社の株式を今のうちに手に入れておけば、いずれ株式公開したときに大きな利益を手にすることができるかもしれない……これが、未公開株投資の魅力、というか魔力なのです。

かつてのリクルート事件で、未公開株の魅力とあやしさを知ったという人も、多いのではないでしょうか。


ほとんどの未公開株には譲渡制限がついているので、世に出回ることは滅多にありません。なので、その会社とまったく関係のない我々が、その未公開株を手に入れる機会など、まずありえません。

しかし、まったくないわけではありません。ごく稀《まれ》にですが、何らかの事情で、未公開株が世に出回ることもあるのです。

そんな状況を、目ざとい業者は見逃しません。未公開株のセールス業者（ただし未公開株の販売には証券業の登録が必要なので、多くの業者は、当事者間の売買の仲介という立場を取っている）を名乗り、未公開株のセールスに乗り出します。

そして、我々が抱いている「株式公開すれば大儲け」との思いを見透かして、株式公開を期待させる話をするのです。

会社の実績・将来性を示すパンフレットや新聞・雑誌の掲載記事などは、その演出というわけですね。

彼らの多くは、ハッキリと「株式公開します」とは言わずに、**株式公開を匂わせるようなネタを次々に繰り出してくる**のです。

絶対に株式公開はするのか？

さて、話を戻しましょう。

遠回しに株式公開を匂わせる業者に向かって、「絶対に株式公開するのか？」とストレートに聞いてみたわけです。

それに対して、相手はどう答えたのか。

回答は、まったく歯切れの悪いものでした。

「会社としては、株式公開を目指してはおります。ただ、株式公開には様々な条件がございまして、いつ頃に、とは申し上げることができません。私個人としては、株式公開は間近なのでは、と思うのですが」

あんたの個人的見解はどうでもいいよ、と思いながら、このピリッとしない返答に対し、私はズバッと言ってみました。

「**絶対に株式公開するのであれば**、購入させてもらうのですが」


これに対して、業者はこう言います。

「ええ、会社の事業内容からして、株式公開の可能性は、十分にあるかと思います」

相変わらず歯切れの悪い返答に、私は返します。

「いや、可能性でいうなら、すべての未公開株に可能性があるわけですよね。可能性ではなく、株式公開に向けて、具体的な会社の動きが知りたいのですが。たとえば、株式公開の申請などはしているのですか」

これに対して業者は、こう答えます。

「いや、まだ対外的な申請などはしておりませんが……会社の内部では、公開に向けた準備はかなり進んでいるとは聞いております……」

業者にしてみれば、会社の事業内容について、いろいろと説明をしたかったのだと思います。

しかし私は、その会社が株式公開するのかどうか、その一点に絞って、徹底的に質問をしたのです。

正直言って、**「面倒くせぇヤツだなあ」**と思われていたことでしょう。絶対に株式公開するのか、とは、絶対に値上がりするのか、と聞いているようなものですからね。**投資の世界に「絶対」という言葉はない**ので、この上なく、答えづらい質問なのです。

それでもあえて聞いてみたのは、やはり未公開株投資だから。

未公開株を手に入れても、それが株式公開をして証券取引所に上場されなければ、原則として、その株式は売れません。株式公開されないと、どんなに素晴らしい会社の株式でも、部外者の我々が持っている意味はないのです。未公開株のままでは、その価値はゼロと言ってもよいでしょう。

ですので、株式公開の可能性については、会社の将来性といった漠然とした憶測ではなく、ハッキリとしたデータや資料で示してほしかったのです。

ただ残念ながら、結局は、満足できるような回答はもらえませんでした。

でも、今回の彼は、まだ誠実だったと思います。聞くところによると、「絶対に株式公開しますよ」と、しれっと嘘をついてくる業者もいるようですから。

さて、そんな誠実（？）な彼には、もうひとつ質問をしました。

「これまでに貴社が扱った未公開株で、**実際に株式公開した会社はあるのですか？**」

これは先ほどの質問と違って、イエスかノーか、はっきりと答えられる質問ですよね。なのに、やはりズバッとは答えません。

「いや、ハッキリとした形での株式公開は、まだ正式には確定していないのですが。ただ、近いうちに株式公開をするであろう会社を、皆さまには紹介させていただいております」

ハッキリとした形での株式公開がないのなら、ハッキリとしていない形での株式公開はあるのか。そもそもハッキリとしていない形での株式公開って何なんだ……と思いながらも、意味不明の回答に嫌気もさし、これ以上は突っ込みませんでした。

ただ少なくとも、「実際に株式公開した会社はないな」と、直感しました。そして、「これからも、株式公開することはないな」とも、確信することができました。

取り扱った会社のうち、これまで1社も株式公開していないということは、その業者を通じて未公開株を買った人は、その未公開株はまったく売れないわけです。

つまり、あなたから未公開株を買った人たちは、その**購入代金はパー**ですよね……少なくとも、今のところは。

と、そんな喧嘩を売るようなセリフまでは吐きませんでしたが、でも実際、そういうことですよね。

不信感はまったくぬぐえないままに、そのセールス業者とは、二度と会うことはありませんでした。

それでも未公開株を買ってみた！

しかし、未公開株そのものは、あやしいながらも非常に魅力的だとは思っています。

そもそもの話ですが、株式のほとんどは、未公開株です。公開している株、すなわち証券取引所に上場している株など、ほんの一握り、いや、一つまみです。国内には100万社以上の株式会社がありますが、株式公開しているのは、そのうち4000社足らずなのですから。

当然ながら、株式を公開していない会社の中にも、将来性のある、有望な会社は、たくさんあるはずです。

限られた株式公開会社（上場株式）ではなく、株式公開を目指して頑張っている、そういった会社（未公開株）に投資することこそ、本当の意味の投資なのかもしれませんね。

そんな思いもありまして……結論から言えば、未公開株に手を出しました。

しかも、6社も。

インディーズ系アーティストの音楽情報販売会社、沖縄エリア専門の賃貸管理会社、インターネットの花屋さんなど、私なりに検討した結果、株式公開が見込めそうな、魅力的な会社を選びました。

ただ、件《くだん》の電話セールスの業者から買ったわけではありません。

なぜなら、私の察する限り、**その手の業者が扱う未公開株で、株式公開を果たした会社は1社もない**からです。

つまり、購入代金はパーになってしまうということです。これはもはや、あやしい投資というより、お金をほぼ、ドブに捨てる行為ですね。さすがに、そこまで勝算のない投資をするつもりはありません。

グリーンシートとは

私が未公開株を買ったのは、**グリーンシート市場**を通じてです。

未公開株には興味がある、でも業者からは買いたくない……そこでいろいろ調べた結果、グリーンシート市場という、未公開企業専用のマーケットがあることを知ったのです。

このグリーンシート市場では、登録を受けた未公開企業の株式が、証券会社を通じて自由に売買できるのです。

これなら、業者から買うのと違って、株式公開をしなくても、まったく売れないことはありません。これなら安心だ、と。基本的には、株式公開を果たすことは、かなり稀なケースなのですから。

ただ、グリーンシート市場の流動性は極めて低くて値動きが激しく、また、非常に小規模で業績不安定な会社が多く、登録廃止や破綻の可能性は非常に高くなります（これは後々、いやというほど痛感します）。

なので、上場株式への投資に比べれば、かなりあやしい投資と言えるでしょう。

それでも、業者からの購入に比べれば、これは**許容できるあやしさ**ということで、グリーンシート市場で未公開株に手を出したのです。

現在、東証マザーズに上場しているパラカ（駐車場運営・管理業務）やエイジア（アプリケーションソフトの開発・販売）など、これまで10社以上が、グリーンシートから株式公開を果たしています。

そうです、業者が持ってくる未公開株と違って、**グリーンシートから株式公開を果たしている会社は、実際にあるのです**。

ちなみにラ・アトレという不動産会社は、グリーンシートでは数万円台で取引されていましたが、２００６年に株式公開を果たし、初値は65万円をつけました。

グリーンシート銘柄は、株式公開の見込みが高い、とすでに目を付けられているわけですから、株式公開時にウン百万、ウン千万という爆発的な儲けは期待できません。しかしそれでも、株式公開が決まれば、やはり魅力的な投資であることは違いません。

実際に、株式公開を果たした会社がある。私としては、そこにも大きな魅力を感じ、グリーンシートで未公開株を買ってみたわけですが……果たして、株式公開に巡り合えたのでしょうか？

ではいよいよ、未公開株の取引レポートとなります。

とあるＩＴ企業が指定取消を受ける

初めて買ったのは、仙台にあるソフトウェアの開発・販売会社です。いわゆるＩＴベンチャー企業で、Ｊａｖａ技術に強い会社のようでした。

時は、２００４年から２００５年にかけての頃。ライブドアショック前夜で、ＩＴ企業がもてはやされていた時代でもありました。

ＩＴのことは疎《うと》い私でしたが、思いつくままに、成長が見込めそうな業種を買ってみたわけです。正直言って、とにかく未公開株を買ってみたくてウズウズしていたのです。

この会社がグリーンシートに新規指定されるタイミングで、１株３万４２００円で買いました。３株買ったので、約10万円の投資です。

もちろん、株式公開を期待しながら、じっくり保有するつもりでした。しかし、２００５年から２００６年にかけてのベンチャー企業ブームにも乗っかり、株価はスルスルと上昇。なんと買値の３倍ほどになったのです。

ここで迷った挙句、３株あるので１株くらい……と、とりあえず１株売りました。８万９０００円で売れたので、約６万円の利益です。そしてこれが、私の未公開株取引での、唯一の利益となりました。

その後、ライブドアショックがあり、**ベンチャー企業の株価は総崩れ**。もちろん、グリーンシート市場の銘柄も売り一色、買手不在の状態となりました。

ここで痛感したのが、グリーンシート市場の**取引量の薄さ**です。

通常の株式市場に比べ、参加者があまりにも少ないので、売手と買手との注文価格の開きが、非常に大きくなってしまうのです。

たとえば、売手の希望価格が8万円に対して、買手の希望価格が5万円、といった感じです。それでもまだ、買手の希望価格が出ていればマシな方で、そもそも買手が出てこずに、いくら経っても売買が成立しないことも多々あるのです。下手すれば、数ヵ月間もの間、まったく取引が成立しないことも珍しくはないのです。

私が投資した銘柄も、買手がほとんど出てこない状態になってしまいました。

ついこの間まで9万円ほどで売れていたのに、今や、4～5万円程度でしか、買ってくれる人が現れないわけです。それでも今思えば、まだ利益が出ているうちに売っておくべきだったのかもしれません。

それからも、ますます株価は低迷を続けます。

そんな中、なんとこの会社は、Ｊａｖａを主としたシステム開発から撤退してしまったのです。Ｊａｖａ技術に強み……ということで期待して買ったのに、これは何ということでしょうか。

そして気が付けば、なんと牡蠣《かき》のネット販売へと、完全に事業内容を変えてしまったのです。

いや、私は牡蠣フライは大好きですが、それとこれとは、話が違います。

でも、すでに決まってしまったのです。投資したＩＴベンチャー企業は、牡蠣の販売会社へと変わってしまったのです。


そして、話はこれで終わりません。

そうこうしているうちに、なんと、この会社は**グリーンシート銘柄の指定取消を受けた**のです。この会社の株を買ってから約3年後の、２００８年のことです。

会社が潰れたわけではありませんが、グリーンシートから外れてしまったということは、事実上、**もはや売却することはできなくなってしまったのです。**

さすがにこれには、ショックを受けました。

でもそんな中、会社から、こんな旨の手紙が届きました。


「この度はグリーンシート指定を外れて、大変ご迷惑をおかけしました。

しかし5年以内には、会社として利益を上げ、多くの資産を作り、その時点で、株主の皆様には株式買取請求権を行使していただき、お手持ちの当社株式を譲渡していただくことをお約束します」

なんと、もはや売るに売れなくなった株を、会社が買い取ってくれるとのことです。株式公開の夢は潰えましたが、これからの会社の業績次第では、まだまだ儲かるチャンスはあるぞ……と淡い期待を抱きつつ、5年間、待つことになったのです。

そして、アッという間に、5年が経ちました。

そこで、会社から届いた手紙の内容は……。


「スマン、無理だった」


いや、実際の文面はもっと丁寧な内容ですが、ぶっちゃけてまとめると、そういうことです。会社としては資産がないので、どうしようもありません、とのこと。

しかしなんと、株主との約束を果たすため、社長個人が買い取ってくれるというのです。

「1株1万円で」

いや、買値は1株3万4200円ですから、今更あえて、この値段では売りません。

さすがにこれにはガックリきましたが、会社としては、まだまだ諦めず（いや、諦めてもらっては困ります）、愚直に粘り強く頑張ります、とのこと。

こちらとしては、他で売るに売れないわけですから、ここまでくれば、温かく見守るしかありません。

株式公開で一攫千金……ではなく、長い目で応援するという、株式投資本来のスタンスに立ち戻り、末永く株主であろうと思っております。

実は、グリーンシート市場の銘柄が、このように**指定取消を受けることは、珍しくありません。**

願わくは、株式公開を果たして、グリーンシートを卒業してほしいのですが、そのような成功例は年間1〜2社程度なのです。

多くの会社は、事業戦略上プライベートカンパニー（株式を自由に売買させない会社）になるべく、グリーンシート指定を外れてしまうのです。株式公開に比べれば少ない負担とはいえ、それでもやはり、グリーンシート市場への情報公開のための費用や労力は、大きな負担となるようです。

結局、この会社が指定を外れた2008年は16社が、翌年2009年には21社が、指定取消を受けることになりました。

次々に指定取消になっていく……

実は、私がグリーンシート市場で買った6社の未公開株のうち、前述のIT会社（今は牡蠣販売会社）を含め、最終的になんと5社が、**グリーンシート指定取消**となってしまいました。しかも、そのうち2社は、見事に**倒産**です。

インディーズ系アーティストの音楽情報販売会社は、グリーンシートに登録されてからわずか1年で、**破産**。路上ミュージシャンを発掘して売り出していくという、当たれば大きそうな事業モデルに懸けてみたのですが、どうやらダメだったようです。1株6万8000円で2株買っていましたが、当然、これは紙屑となりました。

手堅く選んだ建設会社も、あえなく**破産**。こちらは1株5万7000円で3株保有していましたが、残念ながら紙屑です。

あと、グリーンシートから外れたのは、インターネットの花屋さんと、栃木県の人材派遣会社。いずれも規模の小さい、地味な会社ではありましたが、私なりに分析し、株式公開を夢見て買った会社です。

この2社は生き残ってはいますが、グリーンシート指定を外れたということは、もはや売るに売れないわけです。

花屋さんは1株4万2000円で3株、人材派遣会社は1株6万8400円で2株買いましたが、残念ながら、回収の見込みは立っておりません。

ちなみに人材派遣会社については、以前に、「会社が買い取りますよ」という通知がきました。

ただ、譲渡価格は一方的に提示されて、1株3万3700円とのこと。これは買値の約半分……悩んだ挙句、何だか売るに売れない事情を見透かされているようで悔しく、この提案は拒否させていただきました。

筆者が購入した未公開株。今となってはただの紙屑でしかない。

結局、グリーンシート銘柄として残っているのは、沖縄エリア専門の賃貸管理会社だけということになってしまいました。しかも、唯一生き残っている銘柄に限って、1株のみの保有です。買値は5万8000円。

しばらくチェックしておりませんでしたが、この執筆を機に、恐る恐る、取引状況を確認してみました。

グリーンシートの取引状況は、ネットで確認できます。

すると、1株1万9500円での買い注文が出ているだけでした……。

つまり、今、売ろうと思えば売れますが、1万9500円でしか売れません。これは買値の約3分の1なので、残念ながら、しばらく静観の日が続きそうです。

グリーンシートの将来は？

結局のところ、グリーンシートでの未公開株投資については、会社の破産や指定取消、そして評価損を合計すると、60万円ほどの損失となってしまいました。

1株あたりの損失額は低いのですが、積み重なると、これだけの金額になってしまったわけです。

とはいえ、これはまったくの自己責任で、**誰に騙されたわけでもありません**。これはただただ、私の見る目がなかっただけで、グリーンシートそのものは公正・透明な取引であることには変わりありません。

ちなみにグリーンシート銘柄を取り扱っているのは、日本クラウド証券など、ごく一部の金融機関のみです。あまり馴染みのない金融機関かもしれませんが、しっかりと登録を受けた金融機関です。

ただ残念ながら、近年、グリーンシートは活況を失いつつあるようです。

私が取引を始めた２００５年から２００６年にかけては１００社近くが登録されていましたが、今や18社です。

また、売買も低迷しており、２００６年には年間30億円を超えていた売買金額も、今や、**売買がほとんど成立していない状態**なのです。

実は、グリーンシート銘柄制度は、平成30年3月31日をもって廃止されることになっています。

そして、グリーンシートの後釜として期待されているのが、「株式投資型クラウドファンディング」です。

クラウドファンディングとは、ネットを通じて不特定多数から小口の出資を募る仕組みで、大きく寄付型・購入型・投資型に分類されます。詳細は割愛しますが、このうち投資型の一形態が「株式投資型」であり、今後、未公開株投資のツールとなっていくであろう……と期待されているのです。

実際、この仕組みが広がっていけば、未公開株投資も一般的な投資になっていくかもしれませんね。ぜひぜひ期待したいものです。と言いながら、まだ動き始めたばかりの仕組みなので、私はまだ静観している状況ですが。

電話セールスは鳴りやまず

さて、その後も、未公開株の電話セールスは、定期的にかかってきます。

彼らのセールスを無下に断らず、むしろ好意的に話を聞いて、しかも、「また他に、いい話があればよろしくお願いします」などと言っていたわけですから、当然ですよね。

FPという職業柄、興味本位ということもありますが、心のどこかに「ひょっとしたら掘り出しものの話かも?」という期待があったのかもしれません。

どうやら完全に、「コイツは話を聞いてくれる」リストに入ってしまったようです。

ただ、そのセールストークは相変わらずです。その会社の持つ特許や技術、社長の華々しいプロフィールなど、いかにも将来性がありますよと、**暗に、株式公開が間近であることを匂わせるようなトーク**です。

取り扱う未公開株の種類が違うだけで、基本的には同じパターンです。

さすがに同じようなパターンが何度も続けば、彼らのセールストークに付き合うのも、そろそろ飽きてきました。そして、もし今後、未公開株に投資をするなら、グリーンシート（もしくはクラウドファンディング）を通じて投資するつもりであります。

そこで、ある時期からは、こう言ってハッキリ断っております。

「ハッキリ言って、その会社自体には、何の興味もありません」

そして、例の質問です。

「その会社がいつ株式公開するのか、それだけをハッキリと教えて下さい」

「これまでに扱われた未公開株で、実際に株式公開した会社はあるのですか？」

心のどこか片隅で、少しは期待していました。十分に納得のいく、素晴らしい回答をしてくれる業者がいることを。

しかし残念ながら、納得のいく回答をくれた業者は、まったくありませんでした。ほとんどが、以前に喫茶店で会った彼のように歯切れの悪い返答です。急激にトーンダウンして、「じゃあ、いいですわ」みたいに吐き捨てる業者もいました。中には、「重度の内部情報なので、お話しすることができません」との回答も。

いずれにせよ、業者にとって触れられたくないところだということは、十分に分かりました。

そして、この質問を絡めて断ることで、電話セールスは徐々に減っていきました。

ところで、**未公開株のセールス、そしてそれに伴うトラブルは、後を絶ちません。**

未公開株が公開されれば、大儲けできる（可能性は高い）……たしかにそれは事実なのですから。

これからも、未公開株トラブルはなくならないでしょう。いやむしろ、**ますます増えてくるはずです**。なぜなら今、新規公開株（ＩＰＯ）が、投資の世界で大きな話題になっているからです。それにより、株式公開されれば儲かる、といったイメージがますます浸透してきているのです。

新規公開株（ＩＰＯ）とは？

ものすごく極端に言い切ってしまえば、運よく手に入れることができれば、かなりの確率で儲けることができる投資話です。

またあやしい話が出てきましたね。実は私、未公開株では60万円ほどの損失が出ましたが、新規公開株では、2013年の1年間だけで約200万円の儲けが出ております。

いったい、未公開株とは、何が違うのでしょうか？

それでは次の項目で、お話ししましょう。


【未公開株の収支】

約60万円の損失

投資した6社のうち、5社が登録廃止もしくは破綻となれば、トータルで損失となるのも当然でしょう。ただ、1社あたりの投資額が少なかったので、まだこの金額で済んだと思っています。

2章

新規公開株を買ってみた

iPS細胞関連株の新規公開に立ち会う

2013年6月26日。私は自宅のパソコン前で、ドキドキワクワクしていました。なぜならこの日、リプロセルという会社が株式公開されるからです。

株式会社リプロセル……当時、京都大学の山中教授がノーベル賞を受賞したことでも話題だったiPS細胞の研究・創薬支援、臨床検査事業を手がける、「旬」の会社です。

私はこの会社の株式を、100株持っていたのです。

その数日前、SMBC日興証券の新規公開株（IPO）に応募して、見事当選を果たし、リプロセルの株式を100株、公募価格で買うことができたのです。

公募価格は1株3200円、100株単位で32万円でした。

ただ、この公募価格は、あくまでも目安の価格です。株式公開されれば、その株式は、株式市場で自由に取引されるようになります。つまり、**売手と買手が注文をぶつけ合い、公正な「株価」が決まるのです**。

そして、初めて取引が成立する株価を、初値と言います。

新規に公開される株式は人気が出ることが多く、買いが殺到して、この初値が、公募価格を大幅に上回ることが多いのです。

リプロセルの前評判は上々そのもの。やはり、話題のｉＰＳ細胞関連の直球銘柄ということで、「初値は、公募価格の数倍になるだろう」と、相当強気の予想が大半だったのです。

時給10万円!?

いよいよ当日、９時に取引がスタートしました。

証券会社のホームページにログインして、じっと見守ります。

予想通り、買い注文が殺到。パソコン画面には、売りと買いの注文数が表示されますが、圧倒的に買い注文が上回ります。まさに、**買い一色**。

買い注文ばかりなので、売買が成立しません。そうなると、買い注文の値段（気配値という）は、ドンドン上がっていきます。

10~20分ごとに画面更新するたび、気配値は2~3万円（１００株単位での金額）ずつ上がっていきました。つまり、リプロセルの株を持っている人は、このありえないペースで、お金が増えていくわけです。

もう、ドキドキです。

それでも売り手は、なかなか出てきません。買い手と売り手の注文数が拮抗するまでは売買は成立しないので、売り手の注文がもっと膨らむまで、買い注文の気配値は上がり続けていくのです。

この予想以上の上昇ペースに、私はパソコン画面から離れることはできませんでした。

当日は、事務仕事をチマチマやろうと思っていたのですが、**「気配値よ、もっと上がれ上がれ」**と、パソコン画面に念を注入し続けることが、仕事となってしまいました。

その念が通じたのか、その日は圧倒的な買い注文の前に気配値は上がり続け、なんと75・2万円まで上昇。公募価格32万円に対して、40万円超の利益です。

そして売買は成立しないままに、初値形成は翌日以降に持ち越されることになりました。

翌日、私は大学で講義があったので、パソコン画面に張りつくわけにはいきませんでした。なので携帯を握りしめて、移動時間、休憩間に、気配値を逐一チェックです。

株式公開2日目は、買い注文はさらに勢いづきます。1時間ごとに気配値をチェックしていたのですが、そのたび、10万円単位で上がっていくのです。まさに、時給10万円といったところでしょうか。ニタニタしながら、講義をしていたと思います。

結局、2日目も売買成立せずに、気配値はなんと175・1万円まで上昇。

前日の75・2万円からさらに、100万円の上昇です。

ちなみにその日の講師料は、約2万円。なので、50回分の講師料に匹敵する稼ぎです。

仮に週1回ペースの講義だとすると、ちょうど1年分の講義をこなしたわけか……と、帰りの電車でもニタニタしていたと思います。


そして3日目。

ようやく売買が成立して、**178万円**で初値がつきました。

実はこの日、午前中に歯医者の予約を入れていたのですが、キャンセルしておりました。

そこまでして、売買が成立する瞬間（初値形成の瞬間）に居合わせたかった理由が、あったのです。

約130万円の利益を手にする

さて、勝負はこれからです。

一般的に、新規公開株の初値は、過熱傾向にあります。初値形成の段階で、買いが買いを呼び、会社の実力以上に評価され、初値は吊り上がっていることが多いのです。

なので、初値がついた後は、「待っていました！」とばかりに恐ろしい勢いで利益確定の売り注文が出てきて、株価はズドンと下がるケースが目立つのです。それこそ数分間で、数十万動くことも珍しくありません。

そして、そのままズルズルと低迷を続けるという……いわゆる**「初値天井」**と言われるパターンです。

そうなった場合、初値付近でサクッと売り抜けないと、せっかくの利益が吹っ飛んでしまうかもしれないのです。もちろん、初値から更にグングン上昇するパターンもありますが、その判断は難しいのです。

いずれにせよ、新規公開されたばかりの株価は不安定で、値動きも激しく、心臓に悪いものです。よって私は、**「初値付近でサクッと売り抜ける」**を、絶対のルールとしています。

初日はパソコンに張りつき、２日目は常に携帯をチェック、そして３日目は歯医者をキャンセルしてまで、初値形成の瞬間に居合わせたかったのは、そのためです。

以前、別の新規公開株の初値形成にて、売り時を逃した苦い経験があります。

いよいよ初値が形成されようとするとき、たまたま電話があり、20分間ほど話し込んでしまいました。そのたった20分の間に、初値から5万円ほどの下落です。

この5万円、そのときの電話相手に損害賠償請求できないものか……と逆恨みをしたくらいです。しかも、売却後に10万円以上急騰したというオチもつきます。

新規公開株の激しい値動きにイライラドキドキするのは嫌なので、それからは、「初値付近で売り抜ける」を徹底しているわけです。

それだけ徹底していたわけですが、リプロセルについては、**初値形成後の暴落**に巻き込まれます。

iPS細胞関連という大注目の会社でしたから、初値形成後の注文数は半端ではありませんでした。

結局、160万円ほどで売却。初値からは20万円近くの下落ですが、それでも公募価格32万円からすれば、130万円ほどの利益。自営業の私にとっては、嬉しいボーナスになりました。

ちなみにその後、リプロセルは下がり続け、現在は約23万円と、典型的な初値天井となりました（2013年8月に株式分割をしているので、初値を基準に、現在の株価（約4・5万円）を修正した金額）。

新規公開株（IPO）とは

新規公開株（IPO）とは、その名のとおり、「新規」に「公開」する株のこと。IPOは、initial public offering の略です。

新たに株式公開されることで、これまでは原則として自由に取引できなかった株式が、株式市場で自由に取引できるようになるわけです。新規上場株とも言います。

1987年のNTT新規上場など、大きな話題となったので、ご存じの方も多いのでは？　最近では、2015年の郵政3社（日本郵政・ゆうちょ銀行・かんぽ生命）、2016年のLINEやJR九州などが大型上場として有名です。

さて、この新規公開株ですが、前章の未公開株とは違います。

購入の時点では、まだ株式公開していないという点では同じかもしれませんが、決定的に違うのです。

それは、新規公開株の場合、**株式公開が、ハッキリ確定している**からです。

前項の未公開株は、「株式公開するかも……」との期待だけが頼りだったわけですから、これは決定的な違いですね。

公開日の10日ほど前に公募価格が決定して、購入申し込みが始まります。

この公募価格ですが、会社の業績・資産内容・成長性などを勘案して、さらには投資家の需要も汲み取った上で、しっかりと決められます。

この適正な公募価格で購入できるのも、未公開株との大きな違いでもあります。

未公開株の場合、業者の「言い値」で、とんでもない価格で売りつけられるケースが多いわけですから。

一般には、公募価格は若干、低めに算出されます。ですので、株式が公開されて、初値が形成されると、その価格は公募価格を上回ることが多いのです。目安としては、1～3割増しくらいと言われています。

ですが、中には、**公募価格の2倍、3倍と、初値をつける銘柄も珍しくありません**。

たとえば、冒頭に紹介したリプロセルの公募価格は32万円。そして初値は178万円ですから、軽く5倍以上になったわけです。

2006年に株式公開したジェイテックという会社の公募価格は11万円。そして、その初値は96万円と、なんと9倍近くとなった銘柄もあります。

儲けの大きさで言えば、同じく2006年に公開した比較・comは、公募価格45万円に対して初値は270万円。なんと、一瞬にして225万円の儲けです。

新規公開株には、そんな例が、ゴロゴロあるのです。

つまり、「公募価格で買って、初値で売る」ことで、大きな利益を手にする可能性が高いのです。

やはり、話題性があるベンチャー企業で、公募される株数が少ない場合などは、初値は跳ね上がる傾向にあるようです。

もちろん、新規公開株は、無条件に公募価格で買えるわけではありません。一般には、募集期間に応募をして、当選することで初めて、公募価格で購入することができるのです。

そしてこれは後々説明しますが、これがそう簡単には当選しないのですが。

初の新規公開株で、月給の3倍の稼ぎ

私自身、新規公開株のことを知ったのは2003年末あたり。ちょうど2003年から2005年にかけての、新規公開株ブームが始まった頃でした。マネー雑誌でたまたま見かけた、**「新規公開株でボロ儲け」**という小さな記事がきっかけでした。

あやしいなぁ……と思いつつも、独立当初の血気盛んな頃だったこともあり、「何事も

チャレンジだ」とばかりに応募してみました。

すると、意外とすんなり当選。当時はまだ、新規公開株を知る人は少なく、わりと当選しやすかったのです。

当選したのは、新生銀行。公募価格52・5万円に対して、初値は87・2万円。上手く初値付近で売り抜けることができたので、35万円ほどの利益です。

当時、独立して間もなく、FPとしての収入はほぼゼロでした。塾講師で細々とやっており、月収は10万円程度でしたから、なんとその3倍以上を一気に稼いだわけです。

「こんなに簡単に儲かっていいの？」

「マニアックな投資は、儲かる！」

完全な勘違いですが、当時の、純粋な感想でした。

いずれにせよ、これで気を良くしないわけがありません。その後、憑りつかれたかのごとく、新規公開株にハマりました。

他にも、ネクサス（公募価格52万円↓初値70万円）、アイディーユー（公募価格40万円↓初値82万円）、イー・トレード証券（公募価格40万円↓初値50万円）など、なんと2004年は、新規公開株で120万円ほど稼ぐことになりました。

そんな状況にすっかり舞い上がり、**「新規公開株ハンター」**とでも名乗ろうか……など真剣に考え、新規公開株一本で食っていけるのでは……と、FPとしての方向性を完全に見誤ろうともしていました。

その頃は、空前の新規公開株ブーム。

2003年からの株式市場の上昇に乗って、多くの銘柄が新規公開を果たし、そして軒並み、公募価格を上回る初値をつけていたのです。

しかも、公募価格の2倍、3倍は当たり前という状況でした。

2004年で言えば、175社が新規公開を果たし、そのうち165社が公募価格を上回りました。そして、初値の平均は、公募価格の約2・1倍という高水準だったのです。

しかし、**そんなオイシイ状況は続きません**。

新規公開株フィーバー状態は、マネー雑誌などでも特集が組まれるなど、多くのメディアでも紹介されました。そうなると、「そうか、儲かるのか」と、多くの人がこぞって新規公開株に参戦し、だんだん当選する機会が減っていったのです。

そうしているうちに、ライブドアショックが起こります。さらにサブプライムローン問題、リーマンショックと続き、状況は一変します。

それまでイケイケだった株式市場は大暴落、そして低迷を続けることになったのです。

新規公開株にとっての大きな追い風はピタリとやんで、急激に向かい風へと変わってしまったのです。

新規公開株数はみるみるうちに減少し、2009年、2010年は20社程度にまで落ち込みました。

また、新規公開する銘柄の半分ほどは、初値が公募価格割れをするという、どうしようもない状態になってしまったのです。

これはもうダメだ……と目を覚まし、そして静かに、新規公開株からは去りました。

もちろん私だけでなく、多くの人も、去っていきました。

新規公開株は無料の宝くじ？

それから、ほんの数年後。

今、新規公開株が再ブレイクしています。アベノミクスの追い風に乗って、2012年秋ごろから、再び勢いを取り戻しているのです。

2013年の1年間で、株式公開をしたのは54社で、数はまだまだ少ないかもしれません。

しかし、その初値が公募価格を下回ったのはわずか1社で、ほぼすべての会社の初値は公募価格を上回りました。平均で、公募価格の2倍の値段をつけるという、かつてのブームの同水準まで回復しているのです。

2014年以降、その勢いはやや衰えたものの、それでも新規公開株の8~9割方において、その初値は公募価格を上回っています。

そうです、**「公募価格で買って、初値で売る」だけで、儲かる時代が再びやってきたのです。**

そして、かつてオイシイ思いをした人たちが（もちろん私を含めて）、今、続々と戻ってきているのです。

ただ……この新規公開株を、公募価格で手に入れることが、とても困難なのです。

先にも触れましたが、新規公開株は、誰でも公募価格で買えるわけではありません。公募価格で購入するには、その新規公開株を取り扱う証券会社に、「公募価格で買います」と、応募しなければいけません。

その応募数が少なければ、公募価格で手にすることは簡単なのですが、通常は用意されている株数をはるかに上回る応募があるのです。

そうなると、抽選です。

抽選に当選して、晴れて、公募価格で新規公開株を手にすることができるのです。

抽選なんかしなくても、優先的に新規公開株を手に入れることができる、ＶＩＰ顧客がいるのも事実です。証券会社が、割り当てられた新規公開株をどのように配分するかは、基本的には自由なのですから。

しかし近年では、**「金持ちばかりに不公平だ。平等に分けろ！」**との声が高まり、各証券会社とも、営業マンが裁量で配る枠を減らし、公正な抽選枠を増やしているのです。

そもそも営業マンのいないネット証券では、原則１００％が「公正な抽選」です。

すなわち、多くの一般顧客（もちろん私を含めて）にとっては、非常にありがたい環境なのです。


さて、そうなると、気になるのは当選確率ですね。

やはり人気があって、しかも株数が少ない銘柄は、プラチナチケットとなります。倍率は１００倍、２００倍は当たり前、中には５００倍を超えることもあります。

比較的手に入れやすい銘柄でも、倍率２～３倍くらいでしょう。私の実感だと、平均して、倍率20～30倍くらいでしょうか。つまり、20～30銘柄に申し込んで、ようやく1銘柄当たるかな、という程度です。かなり低いですね。

でも、当たりさえすれば、公募価格で買うことができます。そして現状であれば、初値で売ることで、かなりの確率で儲けが出るわけです。

新規公開株への応募（抽選への参加）には、費用はかかりません。そして、外れた場合のペナルティなども、ありません。

なので、新規公開株のことを、**「無料の宝くじ」**と呼ぶこともあるのです。

このように、宝くじと割り切ってしまえば、知識やテクニックはいりません。

当選したければ、ただただ愚直に、応募し続けるだけです。その努力により、当選確率は、確実に上げることができるのですから。

実際、私は多くの時間と労力を費やし、冒頭のリプロセルをはじめ、これまでいくつかの当選を果たしてきました。

それでは、その涙ぐましい努力について、お話しさせていただきます。

当選確率を高めるための地味な努力

私は現在、新規公開株に応募すべく、10社以上の証券会社に口座を開いています。

なぜなら、新規公開株の募集・販売は、複数の証券会社が窓口となるからです。

たとえば新規公開株Aを、証券会社B・C・D……と、複数の証券会社が取り扱うのです。そして抽選は、証券会社ごとに行われます。

つまり、できるだけ多くの証券会社で申し込んだ方が、当選確率は上がるのです。

お目当ての新規公開株を取り扱っている証券会社が5社あれば、そのすべてに申し込むことで、当選確率は5倍となるのです。

そのためには、**できるだけ多くの証券会社に口座を開いておくこと**が、大前提となります。

募集期間は1週間程度なので、募集を知ってから慌てて口座開設を申し込んでも、間に合いませんからね。

ちなみに、銘柄ごとに、取り扱う証券会社は異なります。

なので、「どの銘柄が、どの証券会社で取り扱われるのか」の情報収集は欠かせず、各証券会社のホームページなどでのチェックは日課です。うっかり見逃すと、みすみすチャンスを逃すわけですから、抽選に外れるよりも悔しいのです。

こうやって当選確率を高めた結果、私の実感としては、「10銘柄に申し込んで、なんとか1銘柄当選するかなぁ」といったところでしょうか。

それでもまだまだ低い確率ですが、**宝くじよりはるかに高い確率**ですね。

かつては競馬やナンバーズなど、公営ギャンブルもチマチマやっておりましたが、今では、それに費やしていた時間・労力・資金は、すべて新規公開株につぎ込んでいます。

他に何か、当選確率アップのミラクルテクニックはあるのか……残念ながら、私の知る限り、ありません。

できるだけ多くの証券会社に口座を開き、新規公開株の情報を逐一チェックして、あとはただただ、ひたすら申し込むのみです。そして、祈るのみ。

とにかく、地道な作業を続けること、それのみです。

抽選申し込みの手順は、証券会社によって若干は異なりますが、おおむね以下の手順です。

1・ホームページ取引画面にログイン
2・新規公開株一覧をチェック
3・目当ての銘柄の「申込」をクリック

4・目論見書等の資料を閲覧（ＰＤＦファイルをダウンロード）
5・「内容に同意」をクリック
6・申込株数や希望価格を入力
7・パスワードを入力して決定

といった感じです。

一見、なんだか大変そうですが、ただただ手順に沿ってやるだけなので、慣れれば単なる作業です。

募集時期が重なったり、大型案件で取り扱い証券会社が多いと、それなりに手間はかかりますが、基本的には何も考えずに、淡々とこなすだけです。

実際、私は夜寝る前の、頭がボ〜っとしている時間帯を利用して、淡々とこなしています。

少し頭を使うのは、資金の移し替えです。

新規公開株への応募自体は、無料です。ただ、もし当選したときに、「本当に、株を買えるだけの資金があるのか？」ということで、申し込んだ株数分の資金を、あらかじめ証券会社の口座に入れておく必要があるのです。いわゆる、**「見せ金」**ですね。

なので私は、資金は銀行預金に寝かせず、できるだけ、証券会社に置いておくようにしています。

証券会社によっては、申込株数に比例して当選確率がアップするところもあります（申込株数に関係なく、1人1権利の証券会社もある）。その場合、100株申し込むよりも300株申し込んだ方が、単純に3倍、当選しやすくなるのです。

そういった証券会社では、少しでも多くの株数を申し込むことで、確実に当選確率を上げることができるのです。

ただし、その分、「見せ金」もたくさん必要となります。

たとえば冒頭のリプロセルの場合、最低単位の100株の申し込みでも32万円必要でした。200株なら64万円、300株なら96万円と、**相当な「見せ金」が必要となるのです。**

この場合、証券会社間で、効率的に資金を移動させています。

たとえば、リプロセルの募集が始まったときには、リプロセルを取り扱っていない証券会社に入っている資金は、いったん銀行口座に出金しました。そして、リプロセルを取り扱っている証券会社、それも、申込株数に比例して当選確率がアップする証券会社に、その資金を振り込むわけです。

そうやって、限られた資金を効率よく回すことで、できるだけ多くの株数を申し込むことができるのです。

本格的にやり始めた当初は、どの証券会社にどれだけお金があるのかが把握しきれずに、頭の中がグチャグチャになったこともありましたが、この作業も慣れてさえしまえば、やはり単純作業となります。

今では淡々と、右から左へ、左から右へと、資金を移動させております。

こんな地道な努力で、抽選の「参加権」を少しでも多く得られるよう、私を含め、多くの新規公開株ファン（?）は日々奮戦しているのです。


そうやって2012年末以降、基本的には、すべての新規公開株に応募しています。

ちなみに2013年の新規公開数は54社ですから、単純計算で1週間に1社のペースですね。

ただ、新規公開の時期は重なることも多く、数社同時に募集がかかることも珍しくありません。そんなときは1～2時間くらい、淡々と、ただただボ～ッと、作業をこなすことも。

単調作業でボケてしまわないか……と、心配性の私は、そんな不安を抱きつつも、少しでも当選確率を上げるべく、日々、努力しております。

そして、その努力は一応、一定の成果をもたらしてくれているのです。

絶対に口座を開いておくべき証券会社

証券会社によって、抽選のルールは若干異なります。

完全平等のところもあれば、取引度合に応じて差をつけてくるところもあります（当然、手数料をたくさん落としてくれている顧客を優先する）。

また、新規公開株の取り扱いの多いところもあれば、ほとんど取り扱っていないところも。なので、自分が不利となる抽選ルールの証券会社や、新規公開株の取り扱いがほとんどない証券会社に口座を開いても、あまり意味がありませんよね。

証券会社であれば、どこでもよいというわけではありません。

参考までですが、個人的におススメの証券会社をご紹介しましょう。

まず、**ネット証券は外せません**。先述のとおり、その証券会社に割り当てられた新規公開株は、原則としてすべて抽選に回してくれるからです。

とくに、マネックス証券とＳＢＩ証券は、絶対に口座を開いておきたいところです。

マネックス証券の抽選方式は、1人1票方式です。つまり、1口申し込もうが、資金量にモノを言わせて100口申し込もうが、当選確率はまったく同じなのです。すべての人に平等にチャンスがあるのです。

ちなみに妻と2人の子供名義でも、口座を作っています。1人1票方式なので、それだけで単純に当選確率は4倍になるわけですね。

かつて、妻名義の口座で当選、数万円儲かったことがありました（もちろん、妻の小遣いとなりました）。それ以来、新規公開株だけは、我が家公認の投資となっています。

マネックス証券は大手ネット証券の一角なので取り扱い数も多く、チャンスはたくさんあります。

2013年には、じげん（公募価格6万円→初値17・5万円）やオープンハウス（公募価格17・8万円→初値21万円）が当選しました。

SBI証券の特徴は、IPOチャレンジポイントという独自の制度です。抽選に外れると、ポイントが貯まります。そして、このポイントを上手く使うことで、当選確率を大幅にアップさせることができるのです。

SBI証券も大手ネット証券なので、取り扱い数は非常に多くなっています。2013年には、タマホーム（公募価格9・8万円→初値17万円）が当選しました。

あと、**大手証券会社**にも口座は作っておきたいところです。

ネット証券と違い、営業マンが裁量で優良顧客に配るので、抽選に回してくれるのは一部のみです。

ただ、**割り当てられる新規公開株の数自体がかなり多い**ので、一部とは言っても、かなりの数が抽選で配布されるのです。

野村證券、大和証券、みずほ証券、SMBC日興証券。新規公開株にチャレンジするのであれば、このあたりは、絶対に押さえておきましょう。

ちなみに、私はすべてネット取引なので、ネットから申し込んでいます。

とくにSMBC日興証券は、新規公開株に強い証券会社として有名です。

大手証券でありながら抽選枠が多く、マネックス証券と同様、1人1票方式で、資金量に関係ありません。また、指折りの取り扱い数を誇り、チャンスは非常に多くなっています。

冒頭のリプロセルに当選したのは、このSMBC日興証券でした。

2013年には他にも、サントリー食品インターナショナル（公募価格31万円→初値31・2万円）やシグマクシス（公募価格30・1万円→初値30・2万円）などにも当選しました。

ちなみに野村證券では、2013年にブイキューブ（公募価格33万円→初値50・1万円）やエナリス（公募価格2・8万円→初値7・17万円）に当選しています。

他にも、カブドットコム証券や楽天証券、丸三証券やエイチ・エス証券、岩井コスモ証券などなど。

ここまで紹介した証券会社に比べると、その取り扱い数はガクンと落ちますが、それでも、少しでも当選確率を上げるためには、口座を開いておいて損はないかと思います。

新規公開株の落とし穴

私にとって、2013年は、2004年以来の「当たり年」となりました。この年は新規公開株だけで、なんと200万円ほどの利益を得ることになりました。

この自慢話は、投資関連のセミナーや講義でも、絶好のネタとして披露しております。

しかし、ここ大阪では、自慢話オンリーではウケません。**必ず、「オチ」を求められます。**

新規公開株に「オチ」はあるのか……きちんと、あるのです。

新規公開株は、前にも触れたように「無料の宝くじ」とも言われるくらいですから、オイシイ投資と言えるでしょう。

しかし、**オイシイ話には、必ず落とし穴があるのです。**

私もキッチリ、その落とし穴にハマりました。

それは、**「当選するのは、不人気銘柄の可能性が、極めて高い」**ということです。

一般には、目新しい業種ではない、募集株数が多い、といった銘柄は不人気になりやすいようです。

その場合、募集株数に対して応募は少なく、当選しやすくなります。逆に言えば、サクッと当選するような銘柄には、不人気銘柄が多いのです。

当然、そういった銘柄の初値は、それほど高くはなりません。

努力に努力を重ねて当選しても、それほど報われないケースも少なくないのです。


本章では、私が当選した銘柄をいくつか紹介しました。

冒頭のリプロセルをはじめ、初値が公募価格の2倍以上になった成功例を数多く挙げていますが、実際には、初値はせいぜい公募価格の1〜3割増し程度のものもたくさんあります。

中には、公募価格をわずかに上回る程度のものも、少なくありません。でも実際のところ、当選しやすいのは、そういった不人気銘柄なのです。

下手すれば、初値が公募割れ……**せっかく苦労して当選したのに、損失が出ることも、**

十分にあり得るのです。

もちろん、そんな銘柄なんて、誰も欲しくありませんよね。しかしながら、当選してしまうのは、えてして、そんな不人気銘柄なのです。

ですので、申し込みの段階でしっかり銘柄を吟味して、「これはダメだな」と思う銘柄については、応募は見送るべきなのです。


しかし、私はイチイチ吟味などしていません。なぜなら、**当選しても、辞退できる**からです。

当選してからしっかり吟味をして、「ヤバいと思えば、辞退すればよい」とのスタンスで、とにかく申し込めるものには、すべて申し込んでいます。とにもかくにも、当選しないことには話にならないのですから。

で、たまに当選します。もちろんその中には、「これはヤバい、公募価格割れもありうるかも」といった銘柄もあります。

その場合は、予定通り、すんなり辞退すればよい……いや、当選する前はそう思っていても、いざ当選してしまうと、これがなかなかできないのです。

涙ぐましい努力を重ね、ようやく当選したものを、みすみす辞退することは、どれだけ悔しいことか。**いざ当選してしまうと、途端に、辞退することがもったいなく思えてくるのです。**

人間は、自分に都合よくモノゴトを捉える生き物です。いろいろ調べた上で、「これはヤバい」と頭で分かっていても、「いや、大丈夫だろう」と心で納得せずに、なにかと都合よく理屈をつけて、辞退せずに購入してしまうのです。

私も、ものの見事に、その思考にハマったのです。

ババを引く

2013年も末になると、新規公開株の再ブームもかなり知れ渡るようになります。それで参加者が増えたのか、なかなか当選しなくなってきて、だんだんシビレを切らすようになっていました。

落選に落選を重ねて、**「もうこのまま、一生当選しないのでは……」**と、心が折れそうになっていたとき、ようやく、久々の当選となりました。

ウィルグループという会社でした。

さっそく調べてみると、人材派遣や業務請負等の人材サービスを展開しています。

とくに目新しさはなく、注目度は低い銘柄でした。

しかも、株式公開日である12月19日にはなんと、この会社を含めて4社同時に公開する予定でした。

これは、極めて不利な状況です。なぜなら、同一日に複数の株式公開が重なると、買いの資金が分散してしまうからです。そうなると、初値は上がり難くなります。

さらに、同時公開のうち1社は、足利ホールディングスという、超大型の注目銘柄だったのです。

もともと人気化しにくい業種の上で、この状況はヤバい、とネット上でも**前評判は散々**でした。

ただ、ようやく待ちわびた当選です。とてもとても、手放す気にはなれませんでした。周りが何と言おうが、私の中では、この銘柄は輝いていたのです。と言いますか、輝いていると、自分に言い聞かせていたのです。

これを逃すと、一生後悔する。**やらずに後悔するなら、やって後悔しよう**……と、度重なる落選に精神状態も若干ハイになっており、ヤバいと思いつつも、購入を決めました。

購入後は、「売上が少し伸びているやん」「収益率もアップしているやん」など、この会社の良いところをムリヤリ見つけては、当選辞退しなかったことを、正当化する毎日です。実に、非生産的な日々でした。

ネット上での、「初値が公募価格を割るかも」などの書き込みを見るたびに、公募割れは勘弁して……と、公開日まで、祈るような気持ちで過ごしたのです。実に、ストレスフルな日々でした。

そして迎えた、株式公開の当日。

ドキドキしながらパソコン画面をチェックしてみると、なんと売り注文が、買い注文を上回っております。この時点で、若干、血の気が引いていくのを感じました。

その後、わりとすぐに取引が成立して、初値が決まりました。

公募価格28・7万円に対して、初値は27・5万円。なんと、**公募価格割れ**となってしまったのです。

しかもこの銘柄は、2013年で唯一の公募価格割れという、不名誉なオチがつきます。

言わば、**「ババを引いた」**わけです。

かなり凹みながらも、なんとか冷静を保ち、初値付近で売ったので、まだ傷は浅くて済みました（その後、ウィルグループの株価は一時、15万円を割り込みました）。

ただ、しばらくの間は、そのショックは引きずりました。

ようやく当選したのが公募割れなんて、なんて運が悪いんだ……と、自分の運のなさを嘆きましたが、今になって冷静に考えれば、「公募割れするような銘柄だから、当たった」わけです。


前述のとおり、それこそが、新規公開株の落とし穴なのです。

ヤバいと思えば、当選してからでも辞退すればいい……たしかにそうなのですが、**ようやく手にした当選を手放すことはなかなかできない**ことは、前に触れたとおりです。

この人間心理もまた、落とし穴と言えるでしょう。

再びババを引く

投資で痛い目にあったとき、人は、以下の2パターンに分かれます。

ひとつは、完全にトラウマになって、投資には二度と手を出さない人。

ひとつは、すぐに忘れてしまって、同じことに手を出す人。

どうやら私は、後者のようです。だから、この本を書けるのですが。

2013年末に公募割れを経験した直後は、「これからは当選しても、少しでもヤバいと思ったら、絶対に辞退するぞ」と、固く決意しました。

しかし、相変わらず落選を続けているうちに、その決意はだんだんと薄れてきます。

2014年に入ってから当選はひとつもなく、シビレを切らしてくると、またもや**「何でもいいから当選してくれよ」**との状態になってしまいました。危ない心理状態ですね。

そんな中、ようやく当選したのが、ジャパンディスプレイという、中小型液晶の製造・販売の会社でした。ちょうどこの本を、しかもこの章を執筆中に、当選したのです。

ただ、液晶価格の下落に伴い、業績面等を不安視する声が多く、敬遠する投資家は少なくありませんでした。また、超大型の案件ということもあり、前評判は芳しくありません。

その証拠に、これだけ落選しまくっている私が、申し込んだ証券会社でことごとく当選、もしくは補欠当選したのです。

家族名義も含め、なんと7単位(700株)に当選。

これはちょっと異常だ……と、十分にキナ臭さは感じていました。

それでも、せっかく当選したものを、すべて辞退することはできません。前回の失敗に懲りておりません。そこで悩んだ挙句、2単位(200株)だけ買ってみたのです。

正直言いまして、「もし公募割れになったら、それはそれでネタになるな」との下心もありましたし、1単位（100株）9万円と手ごろな価格だったことも、大きな後押しとなりました。

そして、期待と不安の入り交じった、株式公開の当日。

ビクビクしながら、そして少しはワクワクしながらパソコン画面を開けてみると、とんでもない事態になっていました。

取引スタート時点で、買い注文を数千万株以上も上回る、**ありえないくらい圧倒的な売り注文**に、目を疑いました。しかも、売り注文はドンドン積み上がり、買い注文はほとんど出てきません。

そうなると、公募価格の900円から、気配値はドンドン切り下がってきます。885円、870円、855円……と、2〜3分ごとに15円ずつ下がっていくのです。**200株持っていたので、3000円ずつ減っていくのです。**

まだ初値は形成されていないので、どうすることもできず、ただただ資産が減っていくのを眺めるのみです。

20分経った時点で、気配値はすでに800円を割りました。この時点で軽く2万円超の損失です。

これには、ネットの掲示板等でも、いろいろと書き込みがありました。この状況はある程度は想定していたので、ネットの掲示板などを眺める余裕はあったわけです。

「新規公開株でこんな状況、初めて見た。ショック死しそう」

「半値の450円まで行くぞ。IPO史上に残る初値になるぞ」

「野村（今回の新規公開の取りまとめ役です）は許さん」

などなど、なかなかの狼狽ぶりです。

結局、初値は769円となりました。

超悲観的ムードが漂っていたわりには、何とか、落ち着くところに落ち着いた感じです。それでも、**公募価格を約15％も下回るという、「ババ」銘柄になってしまった**わけですが。

この日はパソコン画面に張りついていたので、760円でサクッと売ります。儲かっても損しても、「初値付近で売る」は、私の中での絶対ルールです。それだけはかたくなに守っています。

結局、手数料合わせて、約3万円の損失となりました。

実は、その翌日から東京出張だったのですが、これはたまたま、新幹線＋宿代と同額の損失です。こんな場合、どうしても「もう1回、東京へ行けたのに」と思ってしまい、心理的にダメージを受けてしまうわけですね。

もっとも、当選した株数すべて（700株）を買っていれば10万円の損失だったわけですから、まだマシでしょう。ちなみにその日の株価は、763円で終えました。

負け惜しみのようですが、今回の損失は想定内です。公募割れの可能性を十分に分かっていて、それでもあえて突っ込んでみた結果、「ババ」を引いてしまったわけですから。

一方で、初値が公募価格を大幅に上回る超人気銘柄は、2014年以降もまだまだ健在です。

2014年のMRT（公募価格8万円→初値約32万円）や2015年のロゼッタ（公募価格約7万円→初値約37万円）、2016年のグローバルウェイ（公募価格約30万円→初値140万円）など、初値が公募価格の数倍になるような銘柄はザクザク出てきております。

またいつか、そんな超人気銘柄に当選することを夢見て、これからもライフワークとして、淡々と新規公開株は続けていくことでしょう。

新規公開株はあやしいのか？

私が新規公開株の話をすると、多くの人は、「あやしい」と感じるようです。

たしかに、「ほぼノーリスクで、32万円が一瞬で160万円に！」などと聞けば、それはあやしい（っていうか嘘だろ）、と思いますよね。

しかし、この章を読んだ皆さんであれば、それは嘘ではないことは、納得いただけたと思います。

そして、新規公開株は、決して「あやしい」ものではないことも、お分かりいただけたと思います。

あやしいかどうかは、主観的なものです。経験のない投資については、とりあえずは「あやしい」と感じるものです。

多くの人は新規公開株の経験はないので、一般には、新規公開株はあやしいと思われているのです。なので、本書でも取り上げたわけですが。

かくいう私も、初めて新規公開株の記事を読んだときには、「そんなウマい話あるかい！」と、思いっきりあやしみました。しかし、新規公開株にどっぷりハマっている今では、まったくあやしいとは思っていません。

つまりは、自分で経験してみて、もしくはしっかり調べてみることで、「あやしい投資」は減っていくのです。

もちろん、誰がどう見ても、本当に「あやしい投資」もあるわけですが、それも**実際に行動することではじめて分かる**わけです。実際に行動を起こした人こそ、投資の視界がより開けると言えるでしょう。

でも、新規公開株はあやしい……と思って避けてくれている方が、競争相手が減って嬉しいのが本音ですが。

【新規公開株の収支】
約350万円の収益

私にとっての第一次ブーム（2003年〜2005年）で150万円ほど儲け、しばしのブランクの後、第二次ブーム（2013年）で200万円を稼ぎました。

第三次ブームはまだ訪れていませんが、超人気銘柄の当選に向けての愚直な努力を、淡々と続けています。

3章

和牛オーナーになってみた

あこがれの「オーナー」になった

1口30万円で年間9000円の配当。

2年後には、元金返還。

今なら、高級肉をプレゼント。


今から10年ほど前になるでしょうか。某マネー誌にて、こんな魅力的な……というか、超低金利の中、**あり得ない好条件の広告**が掲載されていました。

それは、和牛オーナー募集の広告でした。

普通に考えれば、**あまりにも条件が良すぎますよね**。30万円で9000円、つまり3％もの利回りですから、当然、それ相応のリスクがあるわけです。しかし私は、以下の3つの理由で、すでに前のめりの姿勢になっておりました。


ひとつは、和牛オーナーという響き。

ちょうどその頃、一口馬主に憧れ、そして、そのハードルの高さに挫折していた時でした。一口馬主では、仔馬代金そのものよりも、年会費や毎月の飼葉代など、維持費が大変なのです。馬が100万円でも、毎月の維持費が2~3万円かかれば、長い目でみればキツイですからね。

その点、この和牛オーナーは30万円ポッキリで、追加費用はなし。これは大きな魅力でした。

もちろん、一口馬主と和牛オーナーとでは、制度としては全然違うものです。しかし、4本足動物のオーナーという意味では同じですから、「馬はムリだけど、牛なら大丈夫」と、運命的なものを（勝手に）感じたわけです。


ひとつは、高級肉のプレゼント。

広告には、霜の降りまくった、**見るからに高級そうな肉の写真**があり、これが誰でも無条件でもらえるとのこと。銀行であれば、1000万円単位の預金をしなければもらえないレベルの商品です。最近では、銀行で100万円の預金をしても、ポケットティッシュくらいしかもらえませんからね。

それがなんと、30万円の申し込みでもらえるわけですから、これも大きな魅力でした。

ひとつは、広告が掲載されていたマネー誌に、私は全幅の信頼を寄せていたこと。

実は、これが一番の決め手になりました。

そのマネー誌とは、『あるじゃん』。

投資にかたよったマネー誌が多い中、『あるじゃん』は貯蓄・ローン・保険・税金など、とてもバランスのよい内容で、節約術や家計簿診断コーナーなども充実しており、主に女性に人気の雑誌でした。

私自身、FPとして情報収集やセミナー資料として大いに利用しており、非常に信頼を置いていた雑誌だったのです（残念ながら、2012年に廃刊となってしまいました）。

なので、「『あるじゃん』に載っているのだから、大丈夫だろう」と、それほど深く考えることなく、この和牛オーナーの資料を取り寄せました。

そして、一番お手軽で、高級肉プレゼントがある「若葉コース」に、まずは1口30万円申し込んだのです。

正確には、「黒毛和種牛売買・飼養委託契約書」にサインをして、晴れて、繁殖用黒毛和種牛の5分の1頭のオーナーとなったのです。

そして、契約特典として送られてきたお肉は、さっそくすき焼きにして、美味しくいただきました。とろける食感、溢れ出す肉汁、間違いなく高級肉でした。しかも、量もたっぷり入っていて、「これは5000円以上はするだろう……」と、しばらくは満足感に浸っておりました。

ただ、結論から言うと、2011年8月、この和牛オーナー制度は破綻しました。その運営会社は安愚楽牧場といって、これは**和牛オーナー史上、最大の倒産劇**となったのです。被害者数は7万人を超え、被害総額は4000億円超と、**戦後最大級の詐欺事件**とも言われています。金の地金詐欺で有名な豊田商事事件の被害総額が約2000億円ですから、その2倍ですね。

この安愚楽牧場の破綻は、社会的にも非常に大きな話題となったので、ご存じの方も多いのではないでしょうか。

この章では、そんな和牛オーナー制度に投資してみた話をしたいと思います。

和牛オーナーって何？

ところで、和牛オーナーといっても、それは、美味しいお肉を手に入れることが目的ではありません。和牛オーナー制度とは、あくまでも利殖商品です。つまり、**目的は「お金**

を増やすこと」です。

そもそもの話ですが、まずは、この和牛オーナー制度の仕組みについて、少し触れておきたいと思います。

運営会社によって詳細は異なりますが、ここでは安愚楽牧場のオーナー制度について、簡単に説明しておきましょう。

ザックリ言えば、契約の流れは次のとおりです。

1・牧場から、繁殖牛を購入
2・繁殖を目的として、牧場がその牛を預かり、飼養する
3・その牛が出産した子牛を、牧場に買い取ってもらう
4・契約期間満了後には、牧場に、繁殖牛を買い戻してもらう（購入額と同額）

ちなみに私が契約した30万円コースだと、子牛の売却予定代金は年間5万9０００円となっていました。ただ、飼養委託費が年間5万円かかるので、差し引き9０００円が配当として、毎年受け取れる仕組みとなっているのです。

そして2年後に、最初に購入した繁殖牛を、30万円で買い取ってもらうのです。

でも、そんな予定通りに上手くいくものでしょうか？

牛価格の変動や、牛の健康など、いろいろとリスクは抱えているはずですよね。ですので、そのあたりはどうなっているのかな、と契約書にはしっかり目を通しました。

たとえば、絶対に予定通りの代金で、牛を買い取ってくれるのでしょうか？

それについては、牛の市場価格が前年比30％以上下落したとき、協議の上、買取代金を見直すとありました。

また、牛が死んだりしたらどうするのでしょうか？

それについては、損害賠償してくれるとのこと。ただし、その具体的な方法は、協議の上で決めるとのことでした。

サラッと読める、簡素な黒毛和種牛売買・飼養委託契約書。こんな簡単なものなのか？

なるほど、一応、諸々のリスクについては触れられています。

ただ、その内容を見ると、要は**「何かあったら、協議して決めましょうね」**と、えらくザックリしたものでした。

そもそも**契約書自体が、A3用紙1枚のみ。**しかも第12条までしかなく、サラッと読めるのはありがたいのですが、「最低限のことしか書いていないな」という印象でした。

少しうがった見方をすれば、**「つべこべ考えずに、我々に任せなさい」**と言っているようでもあります。

たしかに、最終的には、運営牧場を信じるしかありません。我々は牛を育てた経験などないので、牛価格の相場や、死亡・病気等のリスクについては、まったく分からないわけですから。

そして、私は思い切って、安愚楽牧場を信じてみたのです。


さて、安愚楽牧場に申し込んでから、あらためて和牛オーナー制度について、いろいろ調べてみました。

順番が逆だろ、という突っ込みはあるかと思いますが、そのときは、とにかく和牛オーナーに憧れ、一刻も早く、和牛オーナーになってみたかったのです。

和牛オーナーで検索すると、ヒットするのは「和牛預託商法」。

和牛預託商法（わぎゅうよたくしょうほう）は、和牛の飼育・繁殖事業に出資を募った上で、出資金を配当に回す自転車操業を行ったり、約束した配当を行わないという詐欺商法の一つで、現物まがい商法の一種である。
（ウィキペディア「和牛預託商法」より）

これには、「おいおい、和牛オーナーは詐欺なのか？」と、大いに不安になりましたが、もはや、安愚楽牧場を信じるしかありません。

信じるために、それからは**「安愚楽牧場は大丈夫だ」との情報を、必死に探したのです。**

安愚楽牧場は大丈夫なのか？

いろいろ調べてみると、たしかに詐欺まがいとのイメージも強かった和牛オーナーですが、「最大手の安愚楽牧場は、他とは違うぞ」という意見が多かったのも事実でした。

その根拠のひとつが、広告にも記載されていた、「26年間無事故」。私が初めて見た広告では、たしか26年だったと記憶しております。

安愚楽牧場では26年間もの間、一度たりとも配当や元金の支払いが滞ったことはない、とのことでした。たしかにこれは素晴らしい実績として、大きな安心となりました。

また、ピーク時には17社ほどあった和牛オーナーの運営会社ですが、そのほとんどが1990年代に破綻しています。そんな中、安愚楽牧場はしっかり生き残っているのです（同じく「生き残り」とされていたふるさと牧場は2008年に破綻）。

この「最後の砦」として生き残っている実績こそ、**「他の和牛オーナー制度とは違うぞ」**と、何より信用の証と捉えられてもいたわけです。

実際に安愚楽牧場に投資をしている人たちに話を聞くと、やはりこれらの「実績」こそ、実際に投資をする上での、大きな拠り所となっていたようです。

勢いで投資をしたものの、その後、和牛オーナーのあやしい噂を聞いて不安になっていた私は、この「26年間無事故」「破綻しないで長年経営を続けている」という安愚楽牧場の素晴らしい「実績」にホッと胸をなでおろしました。

これらの「実績」は、安愚楽は大丈夫だ、と信じるには十分なものでした。

しかし、ネット上では、安愚楽牧場に対する評価は、人によって賛否両論。

中には、**「安愚楽牧場は破綻寸前」**「安愚楽牧場の牛はマズイ」「和牛オーナー制度はすべて詐欺だ」など、否定的な意見も少なくありませんでした。

ただ、「もはや、信じるしかない」、と決めていた私は、**良い情報だけを受け入れ、悪い情報はシャットアウト**。

正直言って、そうしないと、不安で仕方なかったわけです。ネット上の情報は、どちらかと言うとマイナス評価が多かったので、しばらくは安愚楽牧場を検索することはありませんでした。

都合の良い情報だけを見て、気持ちを落ち着かせる……精神衛生上は良いことかもしれませんが、投資においては、あまり褒められた行為ではありません。かたよった情報だけでは、合理的な判断ができませんから。

ただ、悲しいかな、それは人間の習性でもあるのですが……。

そして私はまさに、そんな習性通りの行動に走っていたわけです。

また、人は不安になると、誰かに話を聞いてほしくなるものです。

実際、私もアチコチで、「和牛オーナーやっています」と、積極的に話を振っていました。

すると意外にも、「私も安愚楽牧場、やっています」という人は、何人もいたのです。

しかも、「昔からやっていて、**かつては10％以上の配当をもらえたんだよ**」「牧場見学ツアーに行ったことあるけど、良かったよ」と、嬉しそうに話してくれる、かなりコアなファンも身近にいたのです。

実際に安愚楽牧場に投資している人が、身近に何人もいることが分かると、グッと気が楽になったものです。

気が楽になれば、今度は自慢話として、アチコチで話をしたくなります。

そこで、講義やセミナーでも、「和牛オーナーは面白いですよ」と、積極的にネタにもするようになりました。もちろん、あくまでも個人的な体験談としてですが。

しかし、たくさんの人の前で話すと、中には不快に思う方もいたようで、**「先生は、そんな詐欺まがいを勧めるんかい！」**と、クレームがついたこともありました。

クレームをつける人は、ほとんどが、50代以上の方でした。

調べてみると、1996年から1997年にかけて、多くの和牛オーナー事件被害があったようです。

たしかに、「和牛商法で詐欺」というようなニュースは聞いた記憶もありますが、当時は学生でしたので、それほど印象に残ってはおりませんでした。なので、安愚楽牧場にも抵抗なく、サクッと申し込んだわけですが。

ただ、ある程度の年齢の方であれば、そういったニュースをしっかり覚えているので、**「和牛オーナー＝あやしい＝詐欺」**と思っている方は、少なくないようです。中には、和牛オーナーでイタイ目にあった人もいたのかもしれません。

和牛オーナーの話は、若い方にはウケがいいのですが、受講者の年齢層によってはタブーなネタなのかな……と反省した次第でした。

メロンに商品券など、豪華すぎるプレゼント

さて、和牛オーナーになって、アッという間に1年が経ちました。

まずは、配当９０００円はきちんと振り込まれるのか……きちんと振り込まれていました。

そして、アッという間に2年が経ちました。

満期30万円はきちんと戻ってくるのか……きちんと戻ってきました。

これで安心して、満期金はそのまま、同じコースに充当。その際には、一口（30万円）追加。そしてまた2年経ち、今度は、紹介特典と新規オーナー特典につられて、妻名義でも申し込みました。そして気が付けば、２００５年から始めた安愚楽牧場への投資は、１００万円ほどの金額に積み上がっていたのです。

その間、配当や満期金の遅延はなく、先行きについては特に心配はしていませんでした。

ただひとつ、気になる点を除いては……。

それは、**オーナー特典が、だんだん豪華（というか多様）になっていくこと**。

定期的に送られてくるパンフレットを見ていると、オーナー特典はお肉以外にも、ミカンやじゃがいもなど、お肉以外のものが目立つようになってきたのです。

さらには新年のタイミングで契約すれば絵馬プレゼントや、有名演歌歌手のコンサート付きコースなど、個人的にはまったく興味のない特典が目立つようになり、「つまらんなぁ」と思っていました。

いいように見れば、特典が多様化してきて、幅広い層のオーナーに喜んでもらえるわけです。

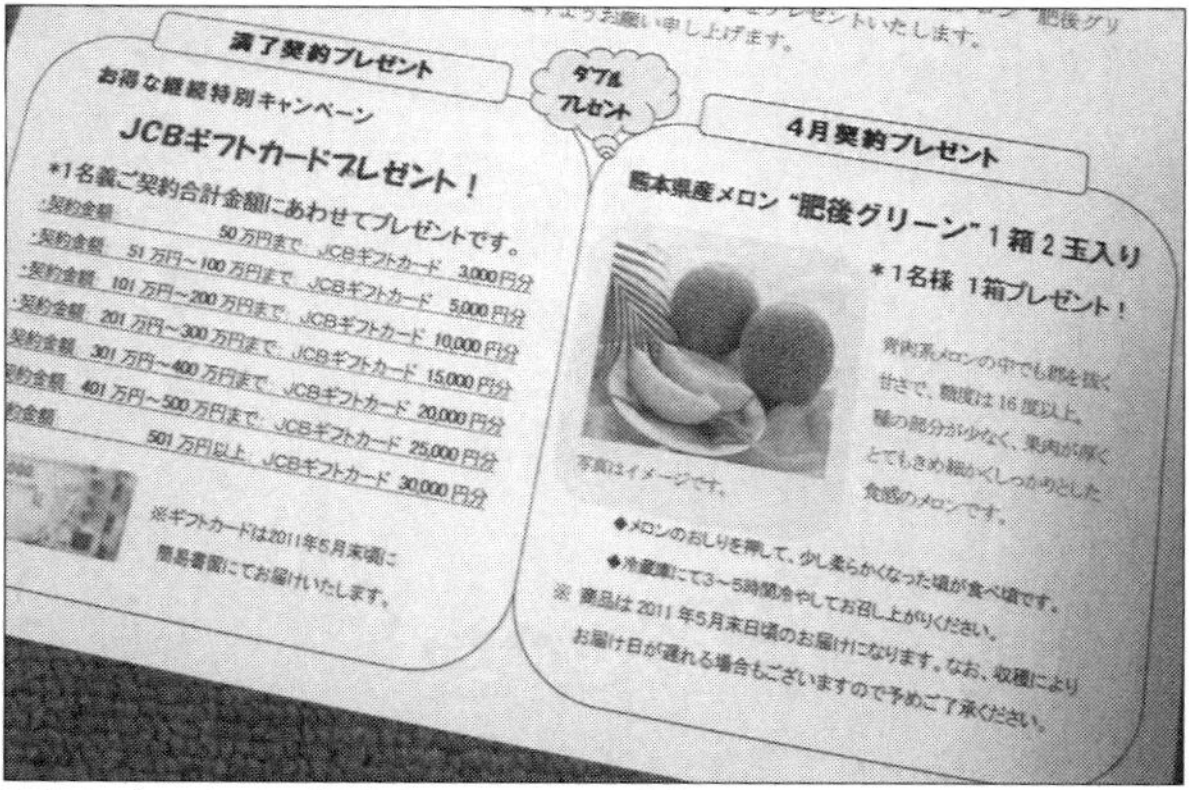

豪華なプレゼントが紹介されたチラシ。本業に関係のない特典で釣るやり方には、さすがに違和感を覚える。

悪いように見れば、**お肉以外にも、他の特典で釣らないと、契約が集まらないのか……**とも取れるわけです。

そんな中、次の更新案内のチラシが送られてきました。

それを見ると、契約期間満了者向け再契約プレゼントとして、なんと「熊本県産メロン2玉」「JCBギフトカード3000円分」のダブルプレゼントでした。

ん？　**これって、お肉（本業）とは関係ないよね？**

特典のお肉が豪華になるのであれば、素直に「やったー」と思ったことでしょう。

肉の質がさらに良くなり、もらえる量が

増えるのであれば、大歓迎です。

しかし、本業とはまったく関係ないものを特典として大々的にアピールしてくるのは、ちょっとキナ臭いな……と私自身の経験から感じました。

その経験とは、**株主優待**。

株主優待とは、企業が株主に対して行うプレゼントのことで、今、多くの企業で導入されています。

私は自他ともに認める株主優待ファンなのですが、自社商品や自社店舗の割引券など、自前のものを株主優待にしている企業を、できる限り選ぶようにしています。

たとえば吉野家は、現在約15万円の投資で、なんと年間6000円分ものお食事券がもらえます。

これは吉野家にとってはかなりの負担でしょうが、自社商品の大きな宣伝にもなるはずです。お客さん（ファン）の獲得・囲い込みにもなりますし、何より、自社商品に対する自信の表れですよね。

こういった株主優待には、非常に好意を持っています。

でもこれが、クオカードやカタログギフトなど、**事業とまったく関係ない優待**だと、どうでしょうか?

もらう側としては、好きなものが買えるのでありがたいものです。でもこれらは、自社商品の何のアピールにもならないですよね。

また、自社商品であれば実質的な負担は「原価」ですが、クオカードなどは額面金額がそのままコストとなり、企業の負担も大きいはずです。

そして何より、**一般ウケするもので安易に釣ろうとしている感じ**が、個人的にはあまり好きではありません。また、そこまでしないといけないのか……と、焦りや切羽詰まった感を感じてしまうのです。

ですので、どんなに割が良くても、これらの優待には懐疑的なのです。

と言いながら、見かけの割の良さに惑わされ、そういった株主優待に手を出したこともありました。

たとえば、株価3万円で優待がカタログギフト3000円分の銘柄を見つけて、「これはスゴイ」と、何も考えずに購入したことも。しかし、その優待は突然廃止され、株価は暴落、その後しばらくして、その会社は潰れてしまいました。他にも、よく似たパターンで、憂き目にあったこともしばしば。

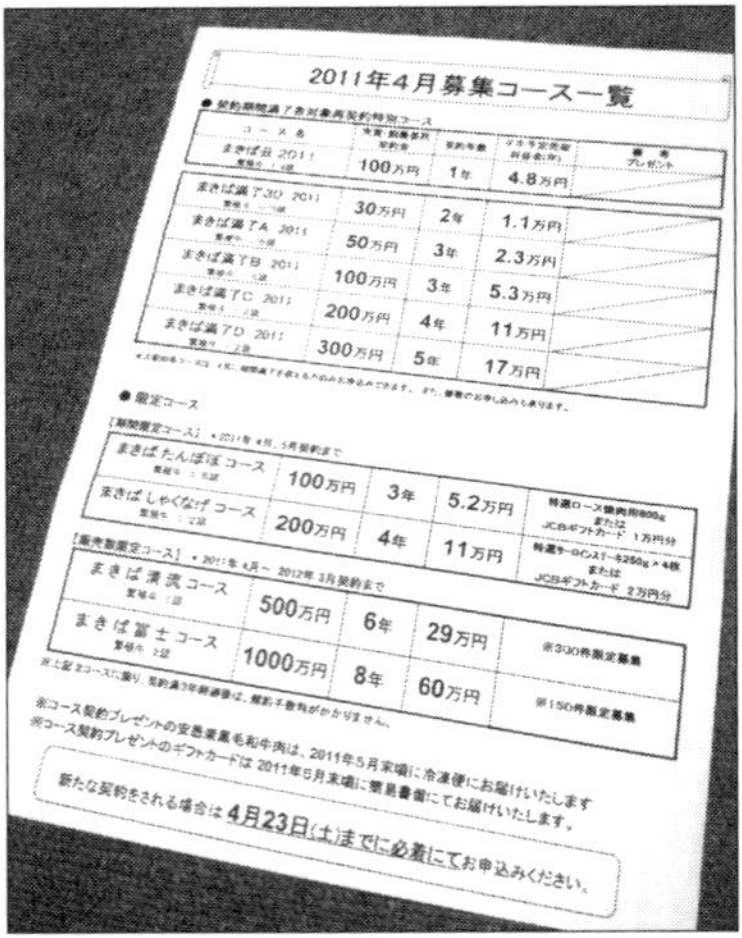

2011年4月募集のチラシ。景気のいい数字と豪華プレゼント内容が書かれている。

そんな経験からも、本業とは関係ないプレゼント攻勢に、違和感を持ち始めたのです。

違和感は不信感にもなり、それまでにはなかった懐疑の目線で、その更新案内のチラシをじっくり見ることになりました。

すると、プレゼント以外にも、気になることが出てきました。

それは、**大口商品の優遇っぷり**です。

もともと1口100万円以上のコースなど考えていなかったので、それまでは気に留めていなかったのですが、よくよく見てみると、**異常に配当が良い**のです。

パンフレットを見ると、30万円コース(2年満期)の配当は年間1・1万円(再契約なので、新規コースの9000円からアップしています)です。年利にすると約3・7%ですね。

これが100万円コース(3年)だと年間5・3万円なので、年利5・3%に跳ね上がります。

しかも期間限定コースだと、配当は年間5・2万円とわずかに下がりますが、「特選ロース肉800グラム」または「JCBギフトカード1万円分」がもらえます。

200万円コース（4年）だと年間11万円ですから、年利は5・5％。こちらは期間限定コースだと、配当は変わらずに、「特選サーロイン肉1キログラム」または「JCBギフトカード2万円分」がもらえるのです。

そして1000万円コース（8年）になると、販売数限定ですが、配当は年間60万円と、なんと**年利は6％にも達する**のです。

銀行預金が1％にも及ばない中、**これはあまりにも異常な数字だ**……と思えてきたのです。

隠ぺい工作に自転車操業……出るわ出るわのヤバいネタ

本業から外れた豪華なプレゼントに、大口コースの異常な配当率。

これにはさすがに不安になり、数年ぶりに、安愚楽牧場をネットで検索してみたのです。

前にも書いていますが、ネット上ではマイナス評価が多かったので、長い間、怖くて見ていませんでした。

すると、出るわ出るわ。

間違いなく、数年前に検索したときよりも、安愚楽牧場への酷評が増えていたのです。しかも、当時は単なる憶測ややっかみも少なくなかったのですが、今回は、かなり具体的な事例を突いているのです。

たとえば、2010年に宮崎県で問題になった**口蹄疫問題。安愚楽牧場が関与、隠ぺいしていた**との記事がアチコチで見つかりました。これはとんでもないことです。

しかも、獣医師しかできない家畜への投薬などを一般従業員が日常的に行っていたなど、管理・運営のズサンさも浮き彫りになっていたようです。

そんな重要ニュースを、のんきにも今まで知らなかったこと（知ろうとしていなかったこと）を棚に上げ、「それはアカンやろ！」と一人で憤り、一気に不信感が募ったのです。

さらには、安愚楽牧場の財務諸表から、その現状を分析しているサイトもありました。懇切丁寧に分かりやすく説明してくれており、「なんて親切な人がいるんだ」と感心したものです。

簡単にまとめると、以下の通りです。

安愚楽牧場の売上規模は大きく、それは一部上場企業クラス。

しかし、その売上の多くは「オーナー契約金（飼育牛の売上）」であり、これが年々伸びている。

本来の売上である「畜産売上（出荷牛の売上）」は少なく、しかも、年々減少している。

つまり、**オーナー契約頼みの経営**だということです。

オーナー契約がドンドン入っているうちは回っているのですが、それが途絶えると……

これは典型的な自転車操業ではないか、との指摘です。

他にも、財務諸表の矛盾や不備を鋭く突いて、批判していました。

私は元信金勤務で簿記講師の経験もあったので、そうやって指摘されれば、「ああ、なるほどね」と、たしかに見る人が見れば、あやしさ満載だったわけです。

これまで都合の悪い情報をシャットアウトして、目を背けていたことを反省した次第です。

そして、目を背けずに、改めて安愚楽牧場の情報と向き合うと、今更ながら、単純なことにも気づきました。

それは、**「なぜ、銀行から借りないのか？」**

今までまったく、この疑問が浮かばなかったことに、元信金マンとして恥ずかしい限りです。

オーナー制度で資金を募った側からすれば、最低でも3％、コースによっては6％もの金利負担となります。

しかも、お肉やメロンなどの特典費用もバカになりません。マネー雑誌等への宣伝広告費も相当なものでしょう。また、オーナー制度運営のためのコストもかかります。

どう考えても、銀行から借りた方が有利なのです。

でも、それをしないということは……**それができない「何か」がある**、と考えるのが自然でしょう。

こうなると、もう完全に安愚楽牧場を疑いの目で見るようになってしまいました。

今までとは逆に、悪い情報、あやしい情報を求めて、ネットを何時間も彷徨うこともしばしば。そして、そういったマイナス情報はいくらでもあるわけですから、それらを見てさらに疑心暗鬼となり……これは精神衛生上、良くありません。

このままでは時間も労力ももったいないと、思い切って2011年4月の継続コースは蹴って、満期解約をしたのでした。

安愚楽牧場、お前もか！

先にも書いたように、安愚楽牧場は民事再生法の適用を申請し、事実上破綻しました。２０１１年8月のことです。

寝耳に水だ、という人もいました。

ああ、やっぱりね、という人もいました。


前述のメロンやＪＣＢギフトカードは２０１１年4月募集コースの特典でしたから、破綻直前まで積極的に募集をしていたことになります。

当然、この営業姿勢も後々、大いに問題になりました。

今思えば、**最後の最後まで、資金集めに必死だった**わけですね。

安愚楽牧場は経営破綻の理由として、東日本大震災、そして原発事故をやり玉に挙げました。

原発事故による風評被害、解約増加、牛価格下落によって経営が行き詰まり、破綻してしまったとのこと。なので、東京電力への損害賠償も考えている……と、悪いのは東京電力で、牧場側も被害者だということです。

ただ、その後の調査で、「いやいや、原発事故前から、行き詰まっていたよね」ということが分かりました。

たとえば、契約金の9割は、配当・解約金に回っていました。

これはもう、**完全な自転車操業**ですね。前々からネット上で自転車操業であることを指摘していた人は、大正解だったわけです。

また、営業部は和牛オーナー営業のみで、本業である畜産事業の営業部門はなく、牧場としての組織にも問題がありました。

そしてなんと、**実際の牛の数が、契約オーナー牛の数を大幅に下回っていた**ことも判明しました。これはもう、完全な詐欺です。

このように、牧場のヤバい実態が、次々と明るみに出たのです。

つまり、安愚楽牧場は、**契約を取り続けることで、何とか回っていた状態だったのです。**

それが原発事故によって契約解約が増え、回らなくなったわけで、原発事故は破綻の「きっかけ」に過ぎなかったのです。

もともと自転車操業の状態で、早かれ遅かれ、破綻することは明らかでした。

「このままだと、いつかは破綻してしまう……それならば、原発事故を理由に、今、破綻してやれ」と経営者が考えたかどうかは分かりません。しかし、破綻のタイミングや牧場側の言い分を聞いていると、そう考えていたとしか思えないのです。

結局、安愚楽牧場も最悪の形で破綻して、残念ながら、「和牛オーナー＝詐欺」の図式は定着してしまったわけです。

その後の顛末や事件の真相解明までは、本書では踏み込んでおりません。興味のある方は、「全国安愚楽牧場被害対策弁護団」ホームページ（http://agurahigai.a.la9.jp/）をご覧くださいませ。

「安愚楽牧場、潰れましたねぇ」

「安愚楽牧場、**やっぱり詐欺だっただろう？**」と、勝ち誇ったかのように言ってくる友人。

「先生、牧場潰れましたけど、どうなりました？」と、事の顛末に興味津々のセミナー受講生。

「財産、大丈夫ですか？」と、心配してくれる仕事仲間。

安愚楽牧場が経営破綻してからは、方々から、「安愚楽牧場、潰れましたねぇ」と話を振られました。

前述のように、私は仕事でもプライベートでも、アチコチで和牛オーナーをやっていることを話していました。

その印象が強かった人にとっては、「ＦＰの藤原＝和牛オーナー（安愚楽牧場）の人」みたいなイメージもあったらしく、私が思っている以上に、私が和牛オーナーをやっていることを記憶している人が多かったのです。

そんな中、安愚楽牧場破綻のニュースは大々的に取り上げられたので、「あの和牛オーナーの人、ええっと、たしかＦＰの藤原さん……どうなったのかな」と気にしてくれた人も、少なからずいたのです。

気が置けない友人たちからは意地悪な反応もありましたが、基本的には皆、大いに心配してくれました（と、好意的に受け取っております）。

皆の温かい励ましに、多少ウケるからといってアチコチで無責任に、和牛オーナーネタを披露していたことを大いに反省したものです。

と同時に、**「私の話に興味を持って、安愚楽牧場に投資をした人もいるのでは？」**と、猛烈に不安になりました。

わりと大規模なセミナーでも和牛オーナーネタを披露したことがあるので、もし、私の話をきっかけに、たくさんの人が安愚楽牧場で被害を受けていたら……恨みを買って、袋叩きにされるのでは、と。

まぁ、これは結論から言うと、大丈夫でした。

私の知る限りではありますが、誰一人として、安愚楽牧場には投資していませんでした。中には、「和牛オーナーの話、面白かったです！　すごく興味あります!!」と、セミナー後にわざわざ言いに来てくれた人もいたので、心配になってその人には破綻後に連絡を取ってみたのですが、「いや、**やっぱり怖かったので、申し込んでいませんよ**」とのこと。

彼の直感には、感服です。

やはり、そう簡単には、和牛オーナーのようなあやしい投資には手は出さないものだと、ホッとしたものです。

ただ、私がもっともっと有名で、無条件に信用される立場の人間であったなら、そうはいかなかったかもしれません。

実際、民主党（現・民進党）の代表を務めたこともある海江田万里氏がかつて、「知る人ぞ知る高利回り」「元本は保証」などと、安愚楽牧場を雑誌や書籍で紹介しており、それを信じて安愚楽牧場に投資し、被害を受けたと主張する人たちがいるのです。

安愚楽牧場を紹介した当時も、海江田氏は著名な経済評論家。その知名度と影響力にもかかわらず、**危険性の調査や説明を怠ったと、一部の出資者から訴えられているのです。**

幸い（?）、大した影響力のない私は大丈夫だったようですが……それでも、ネタにした投資商品が破綻してしまうのは、後味の良いものではありません（オチがついたと、喜んでくれる人もいましたが）。

ましてや、安愚楽牧場の関係者だと思われていたとすれば、それはかなりのイメージダウンとなってしまいます。今後、あやしい投資商品をネタにするときは、慎重に考えたいと思った次第です。

ちなみに、和牛オーナー談義に花を咲かせていた人たち、中でも、ウン百万円単位で投資をしていた年配の方々とは、怖くて連絡を取っておりません。

豚、真珠、アワビ……オーナー制度はいろいろある

結局、2011年4月コースには継続せず、そして同年8月に経営破綻したわけですから、ギリギリで逃げることができた、ということになります。

今では、「破綻直前に、逃げ切った」ことをネタに、方々で話をさせていただいております（何でもネタにします）。

とはいえ、妻のお金も投資していたので、もし破綻に巻き込まれていたらと思うと、今でもゾッとするわけですが……。

破綻前に逃げ切れたのは、悪い情報をシャットアウトせずに、現実としっかりと対峙したから。

いや、実はずいぶんの間、シャットアウトをしていました。しかし、あることをきっかけに、思い切って目を背けることをやめたのです。

ここまでお読みいただいた方であれば、お分かりですね。

そう、そのきっかけとは、**豪華プレゼント**。

やたら豪華になっていくプレゼントに不信感を持ち（安愚楽牧場にしてみれば、裏目に出たわけですね）、それまで目を背けていた悪い情報にもしっかり対峙することで、資金を引き揚げることができたと自負しております。

ちなみに、プレゼントのひとつに、折り畳み傘がありました。

安愚楽牧場のロゴが印刷されていて、今となっては、なかなか貴重な一品。使い勝手が良くて今もなお愛用していますが、故障ひとつしない高品質です。

こんなところにお金を使っていたんだなぁ、と、安愚楽の忘れ形見として、これからも重宝させていただくつもりです。


オーナー制度は、大きく分けて2種類あります。

ひとつは、オーナー制度を利用した利殖商品。

今回の安愚楽牧場のように、オーナー制度を利用して、預貯金ではあり得ない高配当を謳《うた》うタイプです。ただ、それらの多くは詐欺まがいと言われているのも事実です。

もうひとつは、純粋なオーナー制度。

利殖目的ではなく、自然体験、環境保護、地域活性、都市と農村の交流などが主な目的で、配当もお金ではなく、収穫（飼育）された商品そのものであることがほとんどです。

和牛以外にも、豚、真珠、アワビ、みかん、りんご、ワイン、田んぼ……などなど、実に多くの種類があります。

個人的には、そういったスローな投資にも、今後は目を向けていきたいとも思っています。

そしてまた、機会があれば、一口馬主の夢も捨ててはいません。

【和牛オーナーの収支】
約10万円の収益

配当だけでなく、高級肉はじめ、その他の契約者特典（グッズなど）を金銭換算した金額です。

経営破綻する直前で資金を引き揚げることができたので、しっかり「美味しい」思いだけさせてもらいました。

4章

海外ファンドを買ってみた

生徒が持ってきた説明会のチラシ

「先生、この海外ファンド説明会って、あやしいですか？」

数年前、某資格専門学校で担当するＦＰ講座が終わった後、受講生の一人から、こんな質問を受けました。

いつも講義終了後には、「講義内容以外にも、遠慮なく、何でも質問してくださいね」と言ってはいるのですが、これは若干、想定外の質問でした。受講生から渡されたチラシを見ても、素っ気ないシンプルなもので、これではまったく判断がつきません。

あまりにも情報がなかったので、「よく分からないものは、たぶん、あやしいでしょう」と、何とも無責任な回答で、お茶を濁してしまったのです。

海外ファンドって何？

海外ファンドとは、**国内未登録**のファンドのことです。

ファンドとは、複数の投資家からお金を集め、それをまとめて運用する商品のことです。

銀行や郵便局、証券会社で扱っている投資信託もファンドですから、ファンドそのものは、実は、おなじみの商品なのです。

しかし、これが海外ファンドとなると、その実態はあまり知られていないのが現状です。一般の金融機関での扱いはほとんどなく、恥ずかしながら私自身も、海外ファンドについては気にはなりつつも、積極的に情報収集はしていませんでした。

海外ファンドの一般的なイメージとしては……シンガポールやケイマン諸島といった**タックスヘイブン**（租税回避地）に籍を置き、一流の運用担当者が、最新投資理論を駆使して資金を運用する、といった感じでしょうか？

海外ファンドを、国内未承認の薬に例える人もいます。

厚生労働省が承認していないだけで、海外には、素晴らしい薬があるはずです。実際、未承認の薬には保険がきかないので、大金を払って、その薬による治療を受ける人もいるわけです。でも、そういった未承認の薬については、国内での情報は少なく、なんだか怖いですよね。

投資の世界でも、同じことです。

国内未登録でも、海外には、**規制だらけの国内ファンドでは不可能なパフォーマンスを**

誇るファンドもあるはずです。実際、みずから動いて、海外ファンドに投資している人はいるわけです。

でも、海外ファンドの情報は極端に少なく、なんだか怖いですよね。

そんなことから、一部の富裕層がこっそり投資しているもの、とのイメージも強いかと思います。

私自身も、そんな世間一般のイメージや、たまに眺めるネット上の情報などから、「海外ファンドか……儲かりそうだけど、なんだかあやしいかな」と漠然と思っていただけでした。

そんな状態ですから、冒頭の質問にも、しっかり答えることができなかったわけです。

その日、曖昧な回答をしてしまったことに、帰ってから猛省。

講師として、また、投資マニアとしてもこのままではいけないと思い、思い悩んだ末、体を張って情報収集することにしました。

「先日の海外ファンド説明会ですが、もしよろしければ、一緒に行ってみましょうか？」と、次の講義終了後、前回質問してきた受講生に、そういってフォローしてみたのです。

説明会へ行ってみた

というわけで、ひょんなことから、海外ファンド説明会へと行くことになりました。会場は、大阪市内のとある雑居ビルの会議室。主催者は、海外ファンドの購入サポートをする会社（投資助言会社）です。

我々が海外ファンドを購入するには、原則として、現地の金融機関や代理店とやりとりすることになります。当然、英語能力と金融知識、さらには現地情報も必要で、かなりのハードルの高さです。

なので、海外ファンドに投資をする場合は、**投資助言会社**に間に入ってもらって、やりとりするのが一般的なのです。

ただ、そういった投資助言会社の存在はあまり知られておらず、今回の主催会社も、まったく聞いたことのない会社でした。

会場までの案内等は一切なく、人の流れもほとんどありません。参加者が5～6人くらいだったら嫌だな……と思いながらも、恐る恐る会場をのぞいてみると、なんと、50人くらいはいたでしょうか。開始15分前にして、ほぼ満席状態です。

聞けば、大々的な告知はなく、ほぼ口コミ（紹介）での集客にもかかわらずに、です。実際、私も紹介で参加しましたし、紹介してくれた受講生も、主催者からの直接の口コミだったようです。

そして、何よりも驚いたのは、**参加者の若さ**。パッと見た感じ、30代から40代が半数程度を占めていました。

30代から40代が若いのか……という突っ込みについては、投資がらみの説明会・セミナーの参加者層としては、間違いなく若いのです。

私はよく、証券会社主催のセミナーに行きます。

野村證券の新春セミナーは毎年の恒例ですし、SMBC日興証券や大和証券などの大物評論家招聘セミナーなどは、逐一、チェックしています。

そこでは、グルッと参加者を見回してみると、ほとんどは65歳以上の高齢者です。

また、FP協会のイベントなどで、何度か「お金セミナー」を運営しましたが、アンケートを集計しても、その参加者の多くは60代以上です。

さらに言うなら、以前、某銀行にて「30代のための積立セミナー」を担当させてもらったのですが、参加者の大半は、どう見ても60代以上でした。急遽、60代用にネタを繰り直して、セミナーのテーマが崩壊しました。

そんな経験からも、「最近では、マネーセミナーでは若い人の姿が、非常に目立ちます」などの報道には、「いやいや、それは言い過ぎだろ」と突っ込んでいたわけです。

そんなことから、その説明会での参加者年齢層には、大いに驚いたのでした。

若い人が多いので活気があるのはいいのですが、それだけでは説明がつかないような、**異様な活気**でもありました。

また、知り合い同士での参加も多いようで、その会話に聞き耳を立てていると、**アフィリエイト**だの、**情報商材**だのの言葉が飛び交っていて、ネットビジネスの匂いもプンプンしました。

あと、オシャレな人が多く、見るからにブランド品を身にまとっている人も目立ちました。

これには、海外ファンドを隠れ蓑にした、あやしいビジネスのセミナーではないだろうな……と急に不安にもなりました。

でも、海外ファンド自体が十分にあやしい（?）ので、「あえて、海外ファンドを隠れ蓑にはしないだろう」と考えたりするなど、慣れない場所で頭の中をフル回転させながら、同伴した受講生の手前、平静を装っていました。

そんな中、講師で登場したのは、主催会社の社員さん。年の頃は30代半ば、日焼け顔に、白ぶちメガネが印象的な、ノーネクタイのシュッとした感じの人でした。よく通る声で、場馴れした感じでした。

2050年、日本がなくなる？

説明会は、衝撃の一言で始まりました。

中国が作成する、将来のアジア地図には日本は存在しない、とのこと。**将来、日本は中国の経済圏に組み入れられ、中国の一部になっているそうです。**とあるスジの情報とのことで、出所は明らかにはされず。なので、都市伝説レベルのネタではありますが、そのインパクトは十分。

たしかに、興隆する中国経済やその外交姿勢に対し、莫大な借金が増え続けている日本の将来を考えると、サラッと聞き流すことができない内容です。会場全体がグッと引き込まれたのが、雰囲気で分かりました。で、その衝撃のネタで、何を言いたかったのか。

それは、日本は将来、それこそ**その存在がなくなるかもしれないくらい、ヤバい状況**だということです。

ちなみに後日談ですが、その数年後、中国外務省から流出したとする『2050年の国家戦略地図』なるものが出回り、話題になりました(もちろん、非公式のものですが)。その地図では、日本の西半分は「東海省」、東半分は「日本自治区」だそうな。なお、朝鮮半島は「朝鮮省」に。それを見たとき、「おお、あのときのアレか」と、時間差でまた、衝撃を受けたものです。

ところで、その説明会は2部構成であることは、チラシで事前に知ってはいました。1部は「日本の現状」で、2部は「その対策」でした。

これはどう見ても、2部の対策(ここで海外ファンドの紹介をするつもりでしょう)につなげるためにも、1部では不安を煽ってくるだろうなぁ、と予想をしていました。

長期間にわたる景気低迷、少子高齢化、厳しい財政状態……などなど、突きどころは多々ありますから、どの角度から攻めてくるのかなぁ、と若干、楽しみでもあったのです。

我々FPであれば、「今や、4人に1人は65歳以上のお年寄りですよ」と、少子高齢化から切り込み、年金制度の話題につなげることが多いのですが、あの会場の異様な熱気の中では、それでは「つかみ」としては弱かったと思います。そういった意味では、中国への吸収ネタは過激ではありますが、「つかみ」としては最高でした。

なるほど、そうきたか……と、それからは私のセミナーでも、ネタとして参考にさせていただいています。

そして、その後は、お決まりの**日本の借金の話**です。

ご存じの方も多いと思いますが、我が国の借金は1000兆円を超えています（説明会当時はまだ900兆円程度でしたが）。これは、国民1人あたり約800万円の借金を背負っている計算です。

これに対し、日本の財政は、支出が収入を上回る慢性的な赤字状態で、借金は今もなお増え続けているわけです。

このあたりを、まるで実演販売のような滑らかな口調で、分かりやすく説明してくれるのでした。

そして、またもや、過激な展開へとつながります。

「この借金は、絶対に返せません！」

なんと、断言しました。

これにはビックリ、「おお、この人、言い切ったよ」と心の中でつぶやきました。

そして、この状態がいつまでも続くわけがないので、**いつか「何か」が起こりますよ、**と煽ってきます。

そして、考えられるのがインフレですよ、とのことです。

国はお金をジャンジャン刷ることができます。そうやってお金をジャブジャブ状態にすれば、お金の価値は下がり(物価は上昇)、実質的に借金を減らすことができるのです。ただ、これをやり過ぎると経済は大混乱、下手すると、円は紙屑に。

そんな経済破綻状態になれば、十数年後には、他国（中国や韓国）への出稼ぎが普通になっているかもしれない、と。そしてその先には、冒頭の「中国への吸収」もあり得る、とのことです。

おいおい、そこまで煽るか……と、ある意味、スゴイなと思ったものです。

我々FPも、マネーセミナーなどで、「お金のこと、何も考えていないとヤバいよね」と、多少は不安を煽るようなネタ（年金額減少や増税ネタなど）を披露することもあります。

しかし、それとはまったく別次元の壮大な展開に、新鮮な気持ちすら、味わえたものです。

でも、日本の財政状態について嘘は言っていませんので、一応、説得力はあります。

そして何より、**話がウマい**。これは同じ講師業として、少し嫉妬を覚えました。

なので、この展開には、「たしかに、このままではヤバいな……」と、引きこまれていく人も少なくなかったはずです。

そして、休憩を入れることなく、引き続き、いつの間にか2部が始まりました。

講師は同じ人で、1部と2部のつなぎ目は、まったく分からないくらいに、スムーズに。

ヘッジファンドこそ海外ファンドの神髄？

では、そんな将来に備えて、我々はどうすれば良いのでしょうか？

もし日本経済が大混乱に陥れば、国内の円建て資産は、大暴落することでしょう。

また、預金封鎖などの措置もあり得るわけで、さらには、戦後の財産税（最高税率90％！）のように、資産が国に没収されることもあり得る、とのこと。

2部に入っても、その**煽り節は止まりません**。

そして結論としては、資産を海外に逃して、しっかり増やしましょう、ということです。

仮に最悪の事態にならなくても、国内の金融商品では、資産はまったく増えません。そもそも、規制ガチガチの日本で売られている金融商品は二流三流ばかりで、金融機関が儲けるだけで、投資家には何のメリットもないとのこと。

相変わらず、ズバズバ言ってのけるのです。

そして、いよいよ海外ファンドの紹介となりました。

海外には、国内ファンドにはない素晴らしいファンドがたくさんあって、その代表として、**「ヘッジファンド」**が紹介されました。

ヘッジファンドとは、ヘッジ（回避）するファンドのこと。何をヘッジするかと言えば、それはリスクです。投資にリスクはつきものですが、ヘッジファンドでは、あらゆる手法を用いてリスクをヘッジして、収益を追求するのです。少しでも投資に興味のある人であれば、一度は耳にしたことがあるのではないでしょうか？

多額の資金を運用し、世界の金融相場に大きな影響を与えるケースも少なくありません。

１９９７年のアジア通貨危機、２００７年のサブプライムローン問題などもヘッジファンドが絡んでおり、そんなことから、経済を混乱させる悪者としてのイメージがあるのも事実です。逆に、ダイナミックな運用がカッコ良いと思う人も多いのですが。

海外ファンドの多くは、このヘッジファンドタイプなのです。

そして、説明会で紹介されたファンドも、運用の世界では有名な会社が運営するヘッジファンドでした。

ヘッジファンドの特徴は、どんな相場状況であっても、収益を追求することです。通常のファンドであれば、仮に相場全体が20％下落する中でファンドが10％の下落であれば、全体の値動きよりもマシなので、優良なファンドとされます。

しかし、実際に投資をした人にしてみれば、「損したのに、どこが優良なんだよ」と突っ込みたくなるわけです。

そこで、**相場全体がマイナスであっても、常にプラスの成績を求められるファンド**が誕生しました。

それが、ヘッジファンドなのです。

いわゆる **「絶対収益」** の追求のため、ヘッジファンドでは、ロング・ショート戦略、アービトラージ戦略、イベント・ドリブン戦略など、多種多様な投資戦略を用いて、そして、先物、オプション、スワップなど高度な投資手法を駆使して運用します（各投資戦略・投資手法の解説は割愛）。

それ以上の詳細については「お任せ」ということになり、あとは、そのファンドを信じて託すしかありません。

その説明会でも、「割安な銘柄を買建て、割高な銘柄を売建てることにより、絶対収益を目指す」と、投資戦略だけをサラッと流す程度でした。

ちなみに、**そのファンドの平均リターンは10％超**と驚異的なものでしたが、過去の実績は、将来を保証するものではありません。とはいえ、我々としては、過去の実績から、将来を信じるしかないわけですね。

即決を迫ってくる！

その後、契約手続きなど事務的な話も一通り終えて、さて、これで説明会は終了……と思いきや、ここから講師のテンションが一段と上がり、クロージングモードに突入しました。

「いつの時代も、すぐに決断できる人が、生き残るのです！」

最後の最後まで、煽ってきます。

「賢明な皆さんであれば、今日の話で、今、やるべきことはお分かりかと思います。ただ、頭で分かっていても、行動しない人がほとんどです。そんな中、皆さんは、みずからの意思でこの場に来られています。これは、素晴らしい行動力なのです！」

参加者へのヨイショも忘れないようです。

そして最後に、ダメ押しです。

「最後に一歩踏み出せるかどうか……成功者は、うじうじ考えません。**成功者は皆、ここはと思った時に、即決しているのです**」

いやいや、成功者になるために、ここに来たわけではないのだが……と、これにはかなり引きました。もはや、**完全に自己啓発セミナー的なノリ**なのです。

その後、会場のアチコチで個別相談が始まり、これ以上ここにいるとマズイな、とそそくさと退散しました。

もっとも、その日は偵察のつもりで、その場で契約する気は最初からゼロだったわけですが、実際に行ってみた感想としては、いろいろと収穫はあり、全体的には大満足でした。最後のクロージングにはドン引きでしたが。

ちなみに、セミナーでのプレゼンテーションの完成度は非常に高く、講師を業としている私としては、大変勉強になりました。そして、海外ファンドそのものも、大変興味の持てるものでした。

そんなわけで、これはもう一度行ってみてもいいな、と。

一度行ってしまえば免疫はできたわけで、その後、ネットで海外ファンド説明会を探し、今度は臆することなく、一人でじっくりと参加してみました。

そしていくつか説明会を回って気付いたのは、内容的には、かなり似たりよったりだということ。

1部で不安を煽り2部で商品紹介するという全体構成、そして紹介する海外ファンドの特徴（ほとんどがヘッジファンドタイプ）は、ほぼ同じでした。

これはなるほど、**海外ファンド説明会のマニュアルが出回っているんだな**、と直感しました。

そして、これは私の勝手な想像ですが、主催者である投資助言会社の社員が独立して、そのノウハウをそのまま使って、同じようなことをしているケースも多いのではと思われます。

ただ、最後のクロージング部分は、説明会によって多種多様でした。

この部分には、創意工夫の余地があるということでしょうか。最初に行った説明会では、ヨイショを絡めて、大いに煽ってきました。

しかし中には、**「こんな素晴らしいチャンスを目の前にして、投資してみる勇気もないのですか！**　そんな人間など、たいした人生は送れませんよ」と、上から目線のオラオラ系もありました。

また、「通常、このレベルの海外ファンドは1000万円単位での申し込みですが、我々の独自ルートで、なんと10万円単位の小口でもお受けさせていただきます！」と、恩着せがましいものも。

さらには、「月々3万円からの積立てでも可能です。年率10％で30年間積立てれば、なんと7000万円近くのお金になるんですよ！」と、皮算用を掲げて迫ってくるケースもありました。

ただ、いずれのパターンも、私にとっては「大きなお世話」の一言でした。

商品の詳細をしっかり説明してくれれば、それをどう判断するかはこちらが考えることです。

それを、**あの手この手で、こちらの思考を誘導しようとする態度**に、ものすごく嫌気がさしたのです。これは私自身の気質的な問題でもありますが……。

そしてまた、そんなクロージングの迫り方に、うさん臭さを感じずにいられなかったのです。

高級ホテルでの説明会、年率リターンは13％

何度か説明会へ行き、海外ファンドそのものには大いに興味を持ちました……が、どうしても最後のクロージングで嫌になってしまうのでした。

さらに言えば、主催会社（海外ファンド購入サポート会社）の情報があまりにも少なく、その部分も信頼できませんでした。ホームページすら持っていない会社がほとんどだったのです。

というわけで、何度か説明会に行くも、投資にまではなかなか至らない日々が、何ヵ月か続きました。

その一方で、海外ファンドへの想いは、ますます募るばかりです。


そんな中、ある日、とあるファンド説明会の告知が目に留まりました。

会場はなんと、**某高級ホテルの何とかの間**。それまでは雑居ビルの一室での開催が当たり前だと思っていたので、これはなかなかの衝撃でした。

しかも、この手の説明会には珍しく、その案内は、新聞（もしくは雑誌だったか？）に掲載されていたのです。それまではネットで探して、申し込んでいました。

その主催会社は、キャピタル・パートナーズ証券という会社でした。

購入サポートではなく、直接ファンドを販売できる許可を得た会社です。一般のファンド等も取り扱っており、きちんとしたホームページもある会社でした。

これまでの主催会社の情報の少なさ（あやしさ）に比べれば、きちんとしたホームページがあるだけでも、大いに信頼できたのです。

なかば、「もう、ここにしよう」と心で決めて、説明会に行きました。

会場は高級ホテルということで、まったりと落ち着いた感じです。参加者も、おおむね60代以上といったところでしょうか、ギラギラとした感じはありません。

今までの説明会よりも居心地は良く、ゆったりとした雰囲気の中、穏やかな気持ちで過ごすことができました。

講師は、落ち着いた50代くらいの方でした。

さて、内容はというと……やはり、まずは「日本経済」の話でした。

ただ、これまでの説明会のように煽ることなく、淡々と、日本の現状を語ります（それはそれで、真剣に日本の将来を考えさせられるのですが）。

そして、お待ちかねのファンドの説明に入ります。

ここで紹介された商品は、『クアドリガ・スーパーファンド・ジャパン』といって、世界中の100以上の先物市場に分散投資して、**絶対リターンを追求するもの**でした。

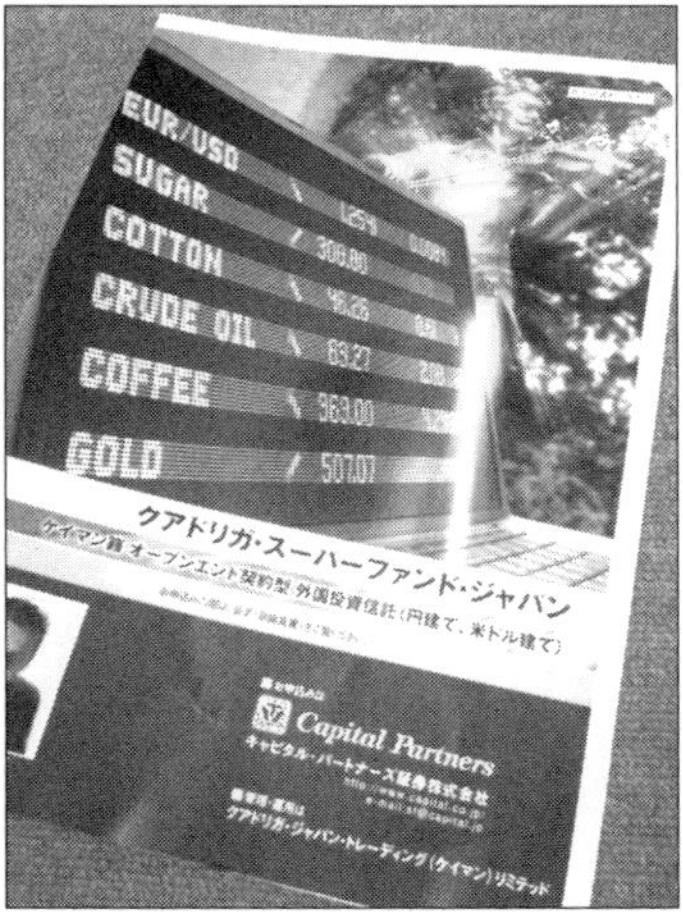

説明会で受け取ったパンフレット。この名前のファンドは、今はもう存在していない。

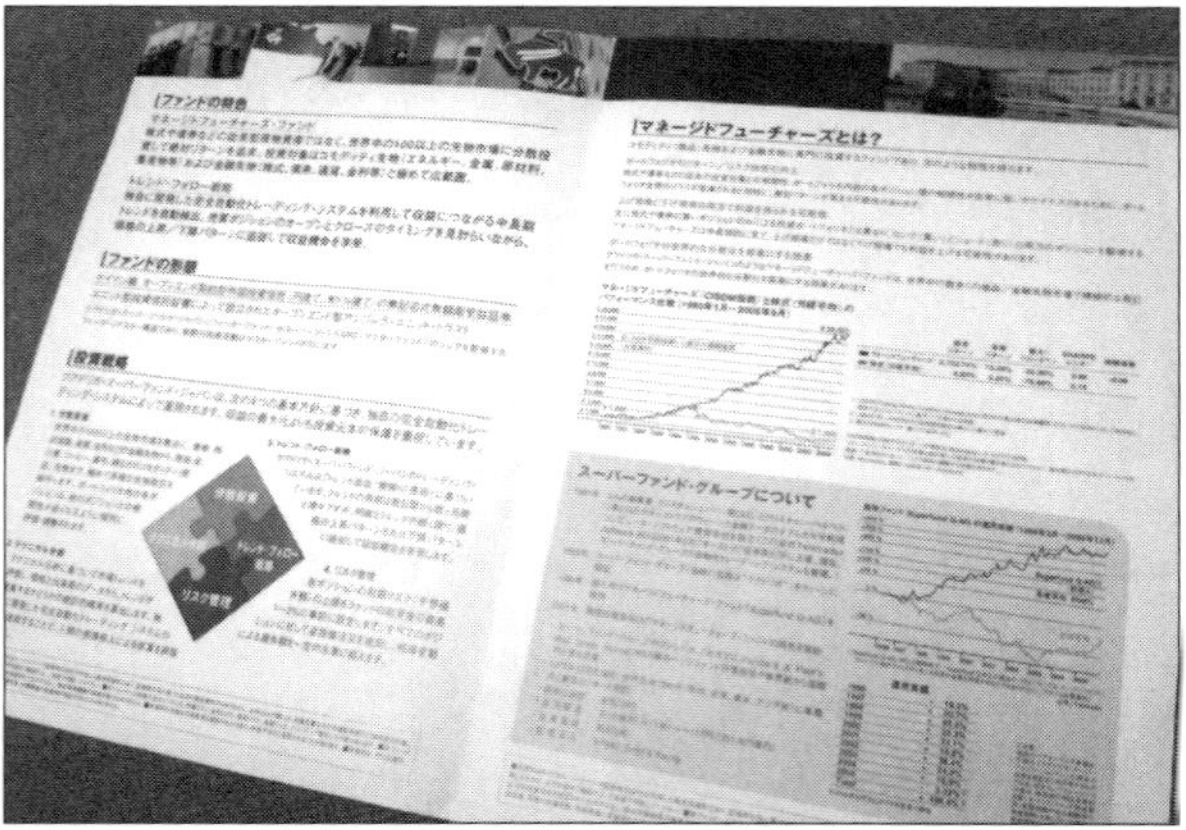

パンフレットの中身も立派で、じっくり確認するための時間もとられていた。そしてパフォーマンスも非常にいい。

絶対リターンの追求……そう、やはり期待通りの（?）、**ヘッジファンドタイプ**なのです。

このファンドの特色は、テクニカル分析に基づいて市場トレンドを評価し、価格と出来高のデータから、トレンドが発展するかどうかの統計的確率を算出して、その価格の上昇パターンまたは下降パターンに追従して収益機会を享受するというもの。そして、分散投資・リスク管理を徹底して、相場変動による損失額を一定の水準に抑えるようにも設定されているとのこと。

この投資戦略を、独自に開発したという完全自動化トレーディングシステムに基づいて、人間の感情移入を排除して運用するというものでした。

専門用語のオンパレードですが、何だかスゴそうな、最先端のファンドであることは十分に伝わりました。

私自身、当時は先物取引は未経験だったので、「これに投資すれば、『先物もかじってますねん』と言えるな……」とも、密かに思っておりました。


さて、ファンドの説明も終わり、いよいよクロージングか……と身構えていたのですが、その説明会では、**決断を迫ってくるようなことは一切ありませんでした**。

サラッと契約手続きの説明だけで、あとは流れ解散。ご質問ある方はどうぞ、と大いなる余裕を感じる対応に、感動すら覚えたのです。

そして、「コーヒーのお代わりもありますので、どうぞゆっくり資料をご覧になり、おくつろぎ下さい」との言葉に甘えてゆっくりしつつ、ついに海外ファンドデビューか……とワクワクしておりました。

ちなみにそのファンドは小口からの投資も可能で、これも大きな後押しとなりました。

ただ、**販売手数料5%**が、どうしてももったいなく感じてしまうのでした。

通常のファンドであれば、どんなに高くても販売手数料は3％程度です。しかも私の場合、ファンドは基本的に販売手数料の安いネットで購入するので、極力、1%以下で抑えています。

そんなジレンマもあり、とりあえず25万円という、中途半端に微妙な金額を投資することにしました。


ところで、このファンドのように、コモディティ（商品）先物および金融先物に専門に投資するファンドのことを「マネージドフューチャーズ」と言い、ひとつの投資スタイルとして確立されています。

説明会では、このマネージドフューチャーズの運用指数として、CISDM指数（約300の商品取引投資顧問業者が自主的に報告するパフォーマンス（運用実績）に基づいて計算される指数）なるものが紹介されました。

これが、**驚異のパフォーマンス**となっていました。説明会で配られた資料によると、1980年1月から2005年9月にかけてのパフォーマンスは、**年率13・04%**です。これは初期投資額1000ドルがなんと、2万2527ドルに膨れ上がる計算となります。

ちなみに同時期の日経平均のパフォーマンスは、年率0・25%となります。

もっとも、この年率13・04%のパフォーマンスは、マネージドフューチャーズ全体の数字であって、当該ファンドの数字ではありません。

そもそも、今回紹介されたファンドはまだ設立されたばかりで、まだ実績はないのです。

年率13％は達成できたのか？

年率13％か……スゴイな。

これが素直な感想でしたが、前述のとおり、この数字はマネージドフューチャーズ全体の数字（指数）です。なので、当該ファンドの運用成績を保証するものでは、まったくありません。

この数字は、あくまでも参考程度である……ことは十分に分かってはいました。

年率13％で増えれば、10年後には、元金25万円が85万円になるのか。

元金１００万円なら、３４０万円か……う〜ん、１００万円くらいやっておけばよかったかな。

さすがに13％はムリでも、年率６％でも、10年間で倍近くに増えるんだよなぁ。

いや、参考程度と言いながら、こんな皮算用をしていたわけですから、年率13％という数字は、何となく意識していたのかもしれません。

いや、ハッキリ言いましょう、実は意識するどころか、この年率13％には、**かなり期待していたのです**。

もちろん、頭では、この数字は保証されたものでも何でもないことは、十分に分かっていました。

しかし、その投資戦略の隙のなさに、「これはやってくれるだろう」という期待感で一杯だったのです。「さすが、金融の最先端を行くヘッジファンドだ」と、その洗練された投資スタイルに、すっかり魅了されたのでした。

そして、そのファンドを購入して、「これで私も、海外ファンド（ヘッジファンド）のオーナーだ」と、たった25万円で富裕層の仲間入りをしたと、大いなる勘違いに浮かれていたのです。

さて、**浮かれている人間には、天罰が下るもの**です。

購入して1年ほど経ったとき、世界経済を揺るがす事件が起こります。

それは、まだ記憶に新しいサブプライムローン問題、そして翌年にはリーマンショックという、何十年に一度レベルの大混乱が、世界経済を襲ったのです。

しかし、ヘッジファンドとは、「どんな相場状況でも収益を追求する」ファンドのことです。

ちなみに「クアドリガ・スーパーファンド・ジャパン」は、相場が上げ基調でも、下げ基調でも、そのトレンドをいち早く察知して、そのトレンドに乗ることにより収益を追求するファンドであることは、前述のとおり。

なので、不安に思いつつも、同時に期待もしつつ、ファンドの価格推移を見守っておりました。

そして、結論から言えば……**ファンドの価格は、ドカンと下がりました。**

最先端の投資戦略であれば、こんな状況でも儲かるのでは……という甘い期待は、打ち砕かれたのです。

このファンドに限らず、サブプライムローン、リーマンショックという想定外の混乱には、多くのヘッジファンドは対応できなかったのです。

しかも、ヘッジファンドは積極的に利益を追求する分、アグレッシブな運用をするので、失敗して、相場以上に暴落して、大きな損失を出すファンドも少なくなかったようです。

中には、破綻してしまったファンドもあり、これには**「結局、こんな状況だと、ヘッジ**

ファンドでもダメなんだね」との失望の声がアチコチで上がったのでした。

これまでの、「あやしいけど、その運用力は折り紙つき」というイメージは、地に落ちたと言っても言い過ぎではないかもしれません。

ちなみに、私がファンドを購入したのは２００６年。

ちょうどこの時期、アメリカの不動産バブル（これがサブプライムローン問題の温床となるのですが）や勃興する新興国経済を中心に、投資の世界はイケイケドンドンの雰囲気でした。

それに伴い、今までは一部の富裕層のものだった海外ファンドもちょっとしたブームになっており、一般個人でも興味を持つ人が増えていたのです。何のコネもなかった私が、わりと簡単に海外ファンド説明会を見つけることができたのも、そういった背景があったのです。

ただ、往々にして何事も、ブームになった時点でピークアウトを迎え、あとはしぼんでいくもの……それが世の常。今回の海外ファンドも、まさにその典型例だったわけです。

そういった意味では、サブプライムローン問題やリーマンショックも、あながち偶然ではなかったのかもしれませんね。

と、今でこそ冷静に語っておりますが、そのときは、**「なんでいきなり、こんなことに……!?」**と、ただただ困惑していたことを、白状しておきます。

そして、これは後で知ったのですが、私が投資したファンドは、従来は機関投資家や一部富裕層向けでしかなかったマネージドフューチャーズ・ファンドを日本の個人投資家向けに提供した商品でした。

なので、円建てでも投資が可能であり、それが故に、純粋な海外ファンドかと言われると、実は微妙な商品でもあったのです。

いずれにせよ、そういった商品が出回ってきた時点で、海外ファンドに**ピークアウトの匂い**を感じ取れなかったことを、今では反省しています。

その後、ファンドは回復することなく、ズルズルと下落。前述の、日本の個人投資家向けに提供されたファンドであることを知ってテンションが下がったこともあり、当初は超長期保有のつもりでしたが、2014年に入ってすぐに売りました。

1口100円で購入したファンドですが、売却額は1口66・87円と**約33%の下落**です。

保有期間は約8年なので、年率は13%どころか、マイナス4・5%といったところ。いや、購入時に手数料5%取られていることを考慮すれば、実質的にマイナス5%を下回るでし

ようっ

興味津々で始めた海外ファンドでしたが、残念な結果に終わったのでした。

海外ファンドの仲介業者に注意!!

やっぱり海外ファンドはあやしい、危ない。

損失を出せば、どうしてもそう思ってしまうもの。

しかし、架空取引だの横領だの、海外ファンドそのものに、何らかの違法行為があったわけではありません。ただただ、そのファンドは**相場の波に乗り切れずに損失を被った**という、これは投資の世界では「普通」のことなのです。

これは何も、海外ファンドに限った話ではありません。

海外ファンドそのものは、国内では極端に情報が少ないだけで、数ある金融商品のひとつなのですから。

それでも、「いや、海外ファンド絡みの詐欺やトラブルは、よく耳にするけど」と言われるのであれば、それは、海外ファンドそのものよりも、その**仲介業者に問題があるケースがほとんど**です。

海外ファンドの仲介業者（投資助言会社）が、ファンドを売らんがために、データを誇張したり、ねつ造したりするケースは、残念ながら後を絶ちません。

ひどい場合だと、顧客から預かったお金を、そのまま持ち逃げしてしまうケースもあるくらいです。

そういった事件がたまにクローズアップされるので、「海外ファンドは危ない」とのイメージができてしまうのも、無理ないですね。

数年前、アブラハム・プライベートバンクという投資助言会社が問題になりました。

一時期、この業者が運営する『いつかはゆかし』なるサービスが、フェイスブック上でガンガン広告を打っていました。これは、**「毎月5万円の積立てで、1億円貯められる」**とのインパクト抜群のキャッチコピーが売りの、自分年金形成支援サービスです。フェイスブックをやっている人なら、見たことがある人もいるのでは？

私もよくフェイスブックを利用しているので、「なんじゃ、こりゃ」と、少々調べてみました。

すると、これは、「YUCASEE（ゆかし）」という純金融資産1億円以上の方だけが入会できるオンライン上のプライベートクラブを運営している会社のようです。なんだかプレミアム感抜群な感じで、優越感にひたりまくれるような雰囲気を醸し出すホームページでした。

なるほど、「いつかはゆかし」とは、「いつかは、このゆかしに入れるよう、1億円目指してコツコツ積立てよう」ということですね。

でも、広告に謳っているように、「毎月5万円で1億円」は可能なのでしょうか？

説明を読みすすめると……可能なようです。なぜなら、そこで紹介するファンドの平均リターンは15％なので、十分に可能だということでした。

しかし、正確には、その平均リターン15％を誇る商品を、顧客は選択肢のひとつとして選ぶことができたにすぎませんでした（結果論ならなんとでも言えますよね）。

また、「助言サービス手数料は、業界最安値」については、もっと安いところがあることを知りつつも、それはスルー。

そして、「運用会社等からは販売手数料はもらっていない」も、グループ会社が受け取っておりました。

もっとも、アブラハムとしての言い分もあり、前述の報道を全て鵜呑みにはできませんが、**2013年に業務停止命令を受けたことは事実**です。

ネット以外にも、雑誌やテレビなどでも大々的に広告を打っていたので、これは大きな問題として取り上げられたのです。

もちろん、きちんとした仲介業者もたくさんあるかと思います。しかし、海外ファンドの仲介業者の情報など、一般にはほとんど出回っていません。なので、その信用性の判断は難しいのが現実です。

世間的には、海外ファンドはよく分からない（あやしい）、と思っている人がほとんどでしょう。

ましてや、それを扱っている業者ですから、基本的にはマイナスイメージで見られる中で、自社の信用性を伝えることは、相当厳しいわけですね。

しかしそんな中、各業者は、広告内で「お客様の声」を掲載したり、説明会で立派な資料を配ったりして、その信用力をアピールしているのです。

たとえば、とある海外ファンド説明会では、その仲介業者の社長が、デヴィ夫人との2ショット写真をアピールしていました。わざわざ、プロジェクタの大画面で。

本人は信用力をアピールしたつもりでしょうが、「余計にあやしいわ」と心の中で突っ込んだのは、私だけではなかったと思います。

まぁ、その手段はともかく、あの手この手で、信用力をアピールする努力は素晴らしいと思います。

そんな努力に感謝して（?）、我々消費者も、「情報がないから……分からん」ではなく、少しでも興味があるのなら、みずから情報を取りに行く姿勢を身につけたいものです。

その姿勢は、今後、あらゆる場面で生きてくるのではないでしょうか。


【海外ファンドの収支】

約10万円の損失

投資額25万円と比較的少額ですが、下落率は3割超なので、大失敗と言えるでしょう……。「いかなる状況でも収益を狙う」ヘッジファンドでも、リーマンショックは乗り越えることはできなかったようです。

5章

超高金利の銀行に預金してみた

お金を預けていた銀行が潰れた

かつて、マスコットキャラクターに「ハクション大魔王」を起用するという、斬新なセンスを持った銀行がありました。

今から約8年前、私はこの銀行に200万円を預けました。

ハクション大魔王に魅《ひ》かれて……ではなく、**他の銀行ではあり得ない高金利**に魅かれてのことでした。

私が預けたのは5年もの定期預金で、**金利はなんと1・9％**。

5年で1・9％……この数字がいかに驚異的なものか、金利に敏感な人であれば、分かってもらえるはずです。

当時（今もですが）、何の条件もなしに、これ以上の高金利をつける銀行預金はなかったはずです。

もちろん、この数字には、何のカラクリもございません。

「投資信託や個人年金等とのセット販売だろう？」

——いいえ、定期預金単品での預入です。

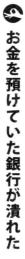

「退職金限定プランだろう？」
——いえ、どんな資金でもＯＫです。
「外貨預金ってオチだろう？」
——いえ、そんなオチはつきません。円預金です。

定期預金募集のチラシ。1年定期でも1.1%、10年定期なら2.2%と驚きの高金利だ。

しかし残念ながら、この定期預金は満期を迎えることはできませんでした。

なぜなら、**２０１０年９月、この銀行は破綻してしまったか**らです。

冒頭にて、「かつてありました」と過去形で書いたのは、そういうことです。私がお金を預けて、わずか1年半後のことでした。

3章の和牛オーナーのように、破綻直前に資金を引き揚げることなく、**200万円を預けたまま潰れてしまったのです。**

この銀行は、日本振興銀行と言いました。この章では、この一風変わった銀行、日本振興銀行にお金を預けてみた話をしたいと思います。

この銀行はなぜ、驚異的な金利だったのか。

この銀行はなぜ、潰れてしまったのか。

そして、預けた200万円はどうなってしまったのか。

銀行だからといって油断できない……私の経験から、そんなことをお伝えしたいと思います。

ここは本当に銀行か？

「ここは本当に、銀行か？」

日本振興銀行の店舗に行ったときの、率直な感想です。

当時、全国に80店舗（ピーク時には100店舗超）ほどあったようですが、私は、地元である南大阪のとある店舗に足を運びました。

パンフレットを片手に、駅から歩くこと約5分。

そろそろこのあたりかな……と思いきや、まったくもって銀行らしき店舗はありません。

しかし、よ～く見てみると、小さな看板がポツリと路上に置かれていました。

看板には「日本振興銀行入口」との表示があり、たしかに、そこはビルの入口でした。

そのビルは、**どう見ても普通の雑居ビル**です。銀行店舗は、このビルの5階にあるとのことでした。

ビルの入口をくぐると、いきなりエレベーター。しかも、かなり小さなエレベーターが一基のみ。

少し躊躇するも、勇気を出して、とりあえずエレベーターに乗り込みました。「虎穴に入らずんば、虎子を得ず」と、自分を奮い立たせます。

1人乗るだけで圧迫感のあるエレベーターは、ギシギシ揺れながら5階に到着します。

エレベーターを下りると、5階には会議室らしい部屋が2つか3つあるだけで、そのひとつが、どうやら日本振興銀行の店舗のようでした。

ただ、あまりにも銀行のイメージとかけ離れているので、警戒して、まずはコッソリ覗いてみました。

すると、窓口らしき場所に、机とイスが置いてあるのみです。

しかも、それは普通の会議室用の机とイスです。

壁に貼られている定期預金のポスターで、かろうじて銀行であると認識できますが、これは**誰がどう見ても、絶対に銀行店舗とは思わないでしょう**。

最近、巷《ちまた》でよく見かける貴金属・ブランド品買取専門店の店舗を、ちょっとだけ大きくしたようなイメージでした。

店舗に行く前は、あまりにも高い金利にいぶかりつつも、「銀行だから問題ないだろう」と思っていました。

もちろん、日本振興銀行は正規の銀行であることは、事前に調査済みです。銀行免許がないのに、○○バンクなどと名乗る業者もいるわけですから、そのあたりはしっかり確認しておりました。

しかし、この極めて殺風景な店舗を見て、**「おいおい、なんだこれは」**と、不安をビシビシ感じたのです。

胸ポケットには、封筒に入った200万円。この日、預けるつもりで持ってきておりましたが、「ここに預けて大丈夫か？」と、とめどなく心配になりました。

その部屋にはパッと見た目、**機械の類がなかった**ように思えます。

普通、銀行にはコンピューターがあり、端末で入金処理等をして、その場で通帳に印字して確認できます。機械類がなければ、それができません。

入金されずに、持ち逃げされるのでは……と、いろいろな不安が頭をよぎり、部屋の前でウロウロしていました。


今日のところは帰ろうかな……と躊躇していると、人の気配を察したのか、「どうぞ、いらっしゃいませ」と、中から呼び込みの声が。

銀行店舗の前でウロウロしていて、呼び込まれてから、逃げるように去っていくのは、どう考えてもあやしい人ですね。なので、気持ちの整理がつかないままに入店、そして窓口に座って取引することになりました。

「このパンフレットの定期預金に預けたいのですが……」

「ありがとうございます、それではまず、本人確認のための免許証を……」

と、その後の対応は、一般的な銀行そのものでした。

とくに不審な点もなく、行員の対応も手慣れたもので、何の違和感もありません。なので、最初は警戒しまくっておりましたが、徐々に気持ちに余裕も出てきました。

すると、あたりを見回す余裕も出てきます。


窓口は2つあって、それぞれ、若い男性と女性の行員が一人ずつ。

待合ロビーはなく、部屋入口近くにパイプイスが3つほど置かれているだけ。銀行店舗なのに、備え付けの大きな金庫などはなかったと思います。

そして、部屋の後方はパーテーション（移動式の間仕切り）で区切られ、その後ろで、**何かゴニョゴニョしている人**がいます。

窓口係の人は、書類を持って何度もそのパーテーションの裏へと行き、いろいろと指示を仰いでいるようでした。

裏で指示を出している人が支店長か？

であれば、こんなたった3人の店舗でも、彼がいずれ独立した際には、「元銀行支店長」の肩書が使えるんだなぁ、などと思いながら、窓口での事務処理を眺めていました。


客は、私一人。

有線放送などもまったくかかっておりません。気候の良い初夏だったので、空調もかかっておらず、**ひたすら「し〜ん」と無音**。

信用金庫で窓口業務をやっていた私は、客として銀行に行ったときには、信金勤務時代を思い出して感慨にふけるのが大好きです。しかし、この銀行店舗はあまりにもイメージが違い過ぎて、まったく感慨にふけることはできませんでした。

最近は、カフェのようなオシャレな銀行店舗もあり、いい意味で、銀行のイメージを覆す店舗も増えてきています。

しかし、雑居ビルの一室にある、この殺風景な店舗は、「おいおい、こんな銀行があるのかよ」と、悪い意味で、銀行のイメージが覆されたのでした。

なお、無事に申込手続きは完了しましたが、現金は後日、振り込んでくださいとのこと。せっかく現金持参したのに。

しかも、この銀行には**決済システムがない**ので、三菱東京ＵＦＪ銀行の専用口座に振り込んでください、と。

銀行に入金するのに、他の銀行口座を利用するのか……面倒くさい銀行だなぁ、と、最後まで違和感は否めませんでした。

少しでも高い金利を求めて日本振興銀行を発見！

機会があれば、どこかの銀行でお金を預けるときにでも、ボソッと「金利が低い」とつぶやいてみてください。

おそらく、行員さんは喜々として、預金ではなく、投資信託などを勧めてくると思います。なぜなら、顧客から「低金利への不満」をキャッチすれば、それは投資信託や個人年金保険などの**セールスチャンス**と、彼らは研修で刷り込まれているからです。

銀行にしてみれば、これらの運用商品を販売すれば、けっこうな手数料が入ってくるのです。

たしかにこの低金利の時代、お金を増やそうと思えば、リスクを取って運用しないといけません。

我々FPも、「少しでもお金を増やしたい」という人には、一般的には、「リスクを取って、運用しましょう」とアドバイスすることが多いです。

しかしそれは、運用に興味があることが大前提です。

この本を読んでいるのは、運用に興味がある人がほとんどでしょうが、現実には、資産運用に抵抗を示す人は少なくありません。「お金は増やしたいけど、絶対に減らしたくはない」と、資産運用の世界では絶対にあり得ないことを、真顔で切々と訴えてくる方も、多いのです。

そんな方々に、私が常々言っているのが、「まずは、少しでも有利な預金を、みずから探しましょう」です。

極めて当たり前のことなのですが、これはすごく大切なことです。

正直言って、頑張って探したからといって、ケタ外れに有利な預金は見つからないでしょう。

しかし、真剣に探すことにより、「なぜ、今はこれほどまでに金利が低いのか」という経済のメカニズムや、「銀行は、どこでも同じではない」という金融機関の商品やサービスの多様性など、いろいろと見えてくることもあります。

そして何より、**みずから情報を取りに行く習慣**は、これから激動の時代を生き抜くための、大きな力になるのです。

と、少々大げさかもしれませんが、そんなことを私は、マネーセミナーなどで熱く語っております。

そしてもちろん、熱く語るからには、私自身、少しでも有利な預金を見出す努力は怠りません。

ネットの預金比較サイトや、マネー雑誌の預金特集などは、常日頃からチェックしております。

そして目ぼしい銀行については、不定期に行われるキャンペーン企画を見逃さぬよう、こちらも定期的なチェックは欠かせません。

また、ネットやマネー雑誌に出てこないような地元のマイナー金融機関（信用金庫や信用組合）にも、意外な掘り出し物があるものです。そういった掘り出し物を発掘すべく、たまに自転車でウロウロと、地元金融機関の店頭ポスターやパンフレットをチェックして回っているのです。

最近もそうやって、地元の小さな信用組合で年利0・5％をつける預金（ネット銀行等に匹敵、もしくは上回る金利です）を見つけ出し、非常に満足しています。

普段から、これだけアンテナを張っているわけですから、日本振興銀行を見逃すわけがありませんでした。

初めて知ったのは、どこぞの預金マニアのブログだったと思います。情報収集源として、こういった個人ブログも重宝します。

1％を優に超える金利に、「これはスゴイ」と思ったのですが、これは他の銀行に比べて、あまりにも金利が高すぎます。なので、**これには何かカラクリがあるのでは……**と疑うわけです。

ただ、詳細を見ても、冒頭でも書いたように、「投資信託などとのセット販売」でもなければ、「退職金限定プラン」でもなく、「外貨預金」というオチもありません。

さらに言えば、「為替の動向によっては、外貨で払い戻される」「将来の金利水準に応じて、銀行が満期を決める」といった複雑な特約がついている「仕組預金」と言われるタイプでもありません。

「じゃあ、なんで、こんなに金利が高いんだ？」

――そこが納得できないと、この高い金利はむしろ、不安でしかありませんよね。

「そもそも、日本振興銀行って、何なんだ？」

――たしかに私も、初めて聞く銀行でした。周りでも、この銀行を知っている人はいませんでした。

というわけで、それなりに、この銀行のことを調べてみたのでした。

日本振興銀行はどんな銀行なのか

日本振興銀行は、2003年に設立され、2004年に開業しました。

当時、中小企業への「貸し渋り」「貸しはがし」が問題になっており、資金繰りに苦しむ中小企業を助けようという主旨から設立されたのです。竹中平蔵金融担当大臣（当時）の金融再生プログラムを推進すべく、金融庁から異例の速さで、免許が交付されたといいます。

なので、金融庁長官の監督を受けたれっきとした銀行なのですが、その設立趣旨から、「貸出しは、中小企業向け専門」**「預入れは、定期預金専門」**という、他の銀行にはない特徴を持っていました。

資金繰りに苦しむ中小企業向けの融資ということで、一般の銀行よりも、貸出金利は高くなります。

しかし、無担保であったり、第三者の保証不要であったりと、かなり有利な条件で融資を受けることができるので、中小企業にとっては救いとなったのです。

そして、その貸付資金は、我々一般顧客から、預金という形で集めることになります。

細かい話になりますが、この銀行はインターバンク市場（金融機関同士で資金をやりとりするマーケット）に参加していませんでした。なので、貸付資金を調達するためには、預金獲得が必須だったのです。

その際、**いつでも簡単に引き出されると困る**ので（資金の確保が不安定になるので）、定期預金でガッチリ確保しなければいけません。そんな事情もあってか、この銀行には普通預金はありませんでした。

また、全国銀行データ通信システムには加盟しておらず、すなわち、引落しや振込といった機能は一切なく、定期預金専門の銀行として、資金集めに注力していたのです。

さて、中小企業への融資という目的のためにも、**資金を集めないことには話になりませんよね**。そのため、この銀行の定期預金は一般の銀行よりも、かなり高い金利となっていたのです。

ただ、預金金利が高めでも、融資先への貸出金利も高めなので、理屈は通っていたのです。当時、多くの銀行は、企業に融資することなく、ただただ国債を買うだけでした（もっとも、今でも多くの銀行は、国債中心に運用していますが……）。

私が日本振興銀行の存在を知った２００９年春頃、当時、国債の10年物利回りは１・５％弱だったはずです。

ところが、この銀行の10年定期預金の金利は2・2％。一般の銀行であれば、国債の利息が、預金利息の元になるので、**この数字はあり得ないことです**。

しかし、前述のとおり、日本振興銀行は中小企業向けの融資で成り立っているので、あり得ることだったのです。

もちろん、貸倒れのリスクなどもあるわけですが、私なりには、この高金利の理由に納得できました。そして早速店舗に足を運び、お金を預けたのです。

また、預けたお金が中小企業に回るとのことで、「ちょっといいことしたぞ」という、密かな満足感もあったわけです。

ちなみに、新規で50万円以上預けた人には、カタログギフトがもらえました。たしか3000円程度の商品だったと思います。

その数日前、とある銀行で100万円預けたのですが、粗品はポケットティッシュひとつ。「こんなのさっき、駅前で配っていたぞ」とブツブツ思っていたので、このカタログギフトは嬉しいものでした。

そしてこれに気を良くして、その後、このカタログギフト狙いで妻名義でも50万円預けたのです。

なぜ、この銀行は潰れたのか？

さて、中小企業のための銀行、中小企業の救世主として、一時はもてはやされた日本振興銀行ですが、結局は、創業から6年あまりで潰れてしまいます。

なぜ、潰れてしまったのか……その一因は、**貸倒れ**と言われています。

一般の銀行が貸せないようなところに融資しているわけですから、これは、「やはり」と言うべきでしょうか。しかも、貸出金利は5％～10％と非常に高く、その返済が厳しいのは一目瞭然。

そもそも、貸出先の開拓にも苦労しており、かなり厳しい経営状態の企業にも貸し出していたようです。

また、一般の銀行も、中小企業への融資に力を入れ始めたことも、経営圧迫の要因とされています。

さらに言えば、定期預金のみの取り扱いで、多様なサービスが展開できないことから、銀行として欠陥があったと指摘する声もあったわけです。

もっと突っ込めば、**不透明な融資や出資、そして債権買取など、いろいろと「裏」の原因も噂されていました。**

当然、これらについては金融庁の検査が入ったのですが、**意図的に証拠メールを削除する**などのあやしい行為に、誰もが「おいおい、これはクロだろう」と突っ込んだのでした。

預けたお金はどうなった？

さて、問題は、私が預けた２００万円はどうなったのか、です。

そして、私の２００万円より大切な（？）、妻の50万円はどうなったのか、です。


まず結論から言えば、預けたお金は、きちんと戻ってきました。

もっとも、この銀行が破綻しても、預けたお金は絶対に戻ってくる――それは、最初から保証されていたことでした。

それはなぜだかは、お分かりの人も多いでしょう。

そうです、**預金保険制度**があるからです。

預金保険制度とは、もし国内の銀行が破綻したとしても、預金保険機構が１人１０００万円とその利子までは保護してくれるという、ありがたい制度のことです。

日本振興銀行は、この預金保険制度には加入していたのです。

この章では、「あり得ないくらい高い金利をつける、ちょっとあやしめの銀行に、果敢に預けてみた！」と、さも勇気溢れる行動のように書いておりますが、実は、**ぶっとい命綱**をつけてのことだったのです。

もし、この銀行が預金保険制度に加入していなければ、間違いなく、預けてはいません。万一の破綻リスクを考えると、1・9％の金利（妻は10年物で2・2％）では、あまりにも割が合わないですからね。

では、その1・9％もしくは2・2％の金利は、破綻によってどうなったのか……これも気になるところですね。

こちらも結論から言えば、預けてから破綻するまでの期間については、**当初契約通りの高い金利がもらえました**。

ちょっと細かい話になりますが、破綻後、銀行から、「お客様の預金は、預金保険機構が保有する第二日本承継銀行に引き継がれることになります。引き継がれた後は、規定の金利（一般の銀行預金と同程度）に変更されますが、それでよろしいですか？」との通知が届きました。

もし、ここで「よろしいです（同意する）」となると、どうなるのか。

その場合、預金が引き継がれるまでは、当初の契約通りの高い金利がもらえます。

しかし、引き継がれた後は、規定の金利（一般の銀行預金と同程度）に変更……これはすなわち、当初の金利からすれば、かなり下がってしまうわけです。そもそも、当初契約の金利が高すぎるわけですからね。

満期までの期間が短ければともかく、私は5年、妻は10年定期ですから、これは嫌です。なので、「よろしくないです（同意しない）」として、「もうやめるから、お金を返してね」との選択をしました。

この場合には、破綻日（２０１０年9月10日）までは、当初契約通りの高い金利がもらえます。そして返金となるのですが、**破綻日から返金日までは、金利はつきません**。

実際には、破綻日から返金まで半年近くもかかったので、その間は無利息となり、少々悔しい思いをしました。

しかしそれでも、銀行の提案に「同意」をして、まだまだ先の満期までの間、低い金利で拘束されることに比べれば、まだマシだったのです。

安易に同意をしてしまった人は、もっと悔しい思いをしたかもしれません。

もし潰れても、まあいいや――モラル・ハザード

このように、利息の扱いは少々ややこしいのですが、いずれにせよ、預金保険制度のおかげで元金はしっかり保護されたわけです。

繰り返しになりますが、預金保険制度がなければ、絶対に預けてはいませんでした。逆に言えば、預金保険制度があるから、「高金利で魅力的だけど、なんだかあやしいな……」と思いつつ、預けてみたわけです。

言ってしまえば、「もし潰れても、預金保険制度があるから、まあいいや」とばかりに、あやしい銀行に預けるという思い切った行動を取ることができたのです。

保険を頼りに、リスクのある行動を取ること……これをモラル・ハザードと言います。

「日本振興銀行の金利がやたら高いんだけど、ここ、大丈夫か？」
「聞いたことない銀行なんだけど……」

ネット上でも、こんな質問をよく見かけました。

それらに対する回答も多く寄せられていましたが、そのほとんどは、「預金保険制度の

対象なので、問題なし！」「いざとなったら、1000万円までは大丈夫！」と、**預金保険制度に頼りきった回答**でした。そんなわけで、預金保険制度に保護してもらうことを前提に、ロクに考えずに預ける人が多かったのでした。

また銀行側も、この預金保険制度という強力な後ろ盾を武器に、預金を集めていたのも事実です。チラシなどにも、預金保険制度に加入していることを大きくアピールしていました。

「うちが潰れても、預金保険制度で保護されますので、ぜひ！」とまで露骨なことは言いませんが、暗に、そうしたことを匂わせていたことは否めません。

破綻した今となっては、そんな預金保険制度ありきの、預金者や銀行の姿勢は、少々問題にもなったのでした。

と言いながら、私自身も完全に、預金保険制度ありきの側だったわけですが。

実は、破綻の数ヵ月前には、カリスマ会長が辞任したり、金融庁より行政処分を受けるなど、明らかにヤバい雰囲気が漂っていました。ネット上でも、**「いよいよ破綻までのカウントダウンが始まった」**など、散々な評価です。

しかし私は、「もし何かあっても、預金保険制度で保護されるから大丈夫」と、とくに焦ることなく、資金を引き上げることはしませんでした。むしろ、「もし破綻したら、それはそれでネタになるな」と、不謹慎を承知で言えば、少しワクワクしていたくらいでした。

そして、実際に破綻したわけですが、これは「預けた銀行が破綻したんですよ」と、アチコチで自慢気（？）に吹聴し、めでたくネタになったわけです。

初のペイオフ実施!!

ちなみに、この日本振興銀行の破綻劇は、**初の「ペイオフ」実施**となり、話題にもなりました。

ペイオフとは、銀行が破綻した場合、1000万円を超える部分はペイ（支払うこと）をオフ（やめる）とのことです。

前に説明した、「銀行が破綻した場合、預金保険機構が1人1000万円とその利子までは保護してくれる」ことの、裏返しの言い回しですね。

なので、預金保険制度での保護上限（1000万円）を、ペイオフ上限、とも言います。

しかし、今まではそう言いながらも、金融システムへの影響を懸念して、預金は全額保護されていました。

銀行の大型破綻としては、２００３年の足利銀行の破綻が有名ですが、このときも公的資金投入により、預金は全額保護され、ペイオフは回避されました。これまでは、ペイオフは凍結されていた状態だったのです。

これが、２００５年4月より、ペイオフ解禁となりました。

これにより、日本振興銀行の破綻で保護されたのは、きっちり約束通りの１０００万円となりました。**1000万円を超える部分については、なんと6割以上がカットされたのです**。

１０００万円までの保護が、これまでの「建前」ではなく、「本音」となった瞬間です。日本振興銀行の破綻で、本当の意味で、銀行選びにも自己責任が求められるようになったのです。

私の場合、日本振興銀行のおかげで、ペイオフの話がしやすくなりました。

セミナーなどで、「ひとつの銀行に１０００万円超預けている人は、気をつけましょう」と言う場合にも、この日本振興銀行の破綻を引き合いに出すと、若干、雰囲気が引き締まります。

会場を見渡せば、「そんなにお金ないわ〜」と苦笑する人が多い中、目が笑っていない人もチラホラいらっしゃいます。そんな人が、お金を持っているわけです。

ちなみに最近、地元信用金庫のチラシで、年利0・55%と、なかなかの高金利をつける預金を見つけました。

これにはオオッ、と思ったのですが、よく見ると、最低預入金額は2000万円以上……預金保険制度の上限1000万円を大幅に超える設定額に、「なんて強気なんだ！」と感心しました。

もちろん、私は即、パス。

この預金に預ける人は、預金保険制度の保護上限（ペイオフの上限）を知らないのか、よほど、この信用金庫を信用しているのか、そのどちらかなのでしょう。

さて、日本振興銀行に預けられた約5800億円の預金のほとんどは、1000万円以下の預金でした。つまりは皆さん、預金保険制度の上限を、しっかり意識していたわけですね。

普通に考えれば、異常なまでの高金利ですから、**「これは何かあるかも……」**と、きちんと備えてはいたのです。

ちょっと見方を変えれば、ほとんどの人はこの銀行を信用していなかった、とも言うことですが……。

ただ、全預金者の3％程度は、1人で1000万円以上預けていたようです。人数にすれば3000人以上で、これは決して少ない人数ではありません。

そして、その多くは高齢者という、お決まりのパターンです。中には、老後資金の大半を預けていた人もいたわけです。

彼らの中には、ペイオフのことを知らなかった人もいたようです。

1000万円預けようか迷っている人には、「1000万円までは保護されるので大丈夫ですよ」と、銀行は教えてくれるでしょう。しかし、すでに2000万円、3000万円と預けようとしている人に対して、「1000万円までは保護されます」と、わざわざ言うものでしょうか……。そんなことを言えば、「じゃあ、1000万円までにしておくわ」と、なりかねませんからね。

何事もそうでしょうが、**相手がすべての情報をさらけ出してくれることを期待するのは、甘いと言えるでしょう。**

繰り返される金融トラブルを見るたびに、「せめて、身近に相談できる人がいたならば……」と思う次第です。

さて、今回のテーマである日本振興銀行に関しては、預金保険制度「様様」でした。結果として、元本は保護され、高い金利も（破綻日までの日割りですが）しっかり受け取ることができたのですから。

さらに言えば、身の安全を確保した上で、あやしい銀行に預けることができたのですから。そして、預けた銀行が破綻するという貴重な体験ができて、方々でネタにもできたわけです。

何はともあれ、この預金保険制度のおかげで、1000万円までなら、大胆に冒険ができるのです。

ちなみに、どうしても事情があって、「ひとつの銀行に、1000万円以上預けておきたい」という人は、利息ゼロの普通預金などといった**決済用預金**であれば全額保護されることを、付け加えておきます。

もっとも、定期預金専門の日本振興銀行には、この決済用預金はありませんでしたが。

また、外貨預金については、預金保険制度の対象外であることも、最後に付け加えておきます。

なので、あまりにも金利の高い外貨預金については、よほどその銀行を信用していない限りは、パスしておくのが賢明でしょう。

【銀行預金の収支】
約5万円の収益

日本振興銀行は破綻しましたが、預金保険制度のおかげで、元金200万円は無事、全額保護されました。利息については、預入時の1・9％で日割り計算（預入日〜破綻日）してもらえたので、お小遣い程度の収益となりました。

6章

ＦＸで新興国通貨に投資してみた

南アフリカの通貨「ランド」に投資

今から10年ほど前のこと。

私は南アフリカの通貨、「ランド」にハマっていました。

当時、2010FIFAワールドカップ開催を控えて盛り上がっていた南アフリカは、経済新興国のひとつとしても、大いに関心が寄せられていたのです。

ただ、PKとフリーキックの違いすらよく分からない極度のサッカー音痴の私にとっては、ワールドカップ開催国であることなど、微塵も興味はありませんでした。

ランドに投資していた理由はただひとつ、それは、**とてつもなく高金利**だったから。

実際、ランドに200万円投資をすることで、毎日2000円以上受け取っていたのです。

これは毎月にすると6万円以上ですから、けっこうな収入なわけですね。

「ちょっと待て、そんなウマい話あるわけないだろう」

そう思った方は、後でしっかり説明していますので、まずは、読み進めてくださいね。

さて、毎日2000円の収入に味をしめた私は、更に、ランドをじわじわ買い増していく予定でした。

そして最終的には600万円ほど投資して、毎日6000円以上受け取れるようにする予定だったのです。

毎日6000円以上ということは、毎月にすると20万円程度。何もしなくてもこれだけの収入があれば、とりあえずは最低限の生活費は賄《まかな》えるなと、真剣に考えていたのです。

不労所得生活……投資を始めたころは、そのイメージはまったくできませんでした。しかし、その頃はすでに毎日2000円の不労所得はあったわけですから、その延長線上に、不労所得生活はすでに見えていたのでした。

つまり、そのイメージは十分にできていたのです。

イメージができることは、実現できる。

実現できないことは、イメージすらできない。

ちょうどその頃、たまたま読んだ本の一節に、そんなことが書いてありました。

この言葉にもすっかり酔ってしまい、気分はもう、夢の不労所得生活を達成した気分だったのです。30歳過ぎにしてセミリタイアかぁ、と、完全に**妄想モード**に入っていました。

その証拠に、当時、大学でのFP資格講座を3～4つ掛け持ちしていたのですが、自宅から遠い大学は「遠いから」と、強気な理由で断ってしまったのです。

しかし、結論から言えば、毎月20万円の不労所得の目論見は、脆くも崩れ去りました。

しかも、**投資した200万円はほとんど失うことになったのです。**

この章では、不労所得生活への妄想を駆り立てたランドへの投資、そして、その投資法について書いていきたいと思います。

FXって何？

外貨投資の経験がある方なら、この章の冒頭にある「ランドに200万円投資をすることで、毎日2000円以上受け取っていた」には、それは嘘だろ、と思われたかもしれません。

200万円投資して毎日2000円受け取るということは、**年率は36～37%**にもなります。

たしかに当時、ランドは高金利通貨として有名でしたが、これほどまでにケタ外れの金利ではありません。

そのカラクリは「FX」。

FXという取引であれば、高金利通貨であるランドを利用して、このケタ外れの運用成果も不可能ではなかったのです。

それではここで少し、FXの説明をしておきましょう。

FXとは外国為替証拠金取引のことで、ザックリ言えば、**わずかな「証拠金」で、その何倍もの外貨を取引できるのです**。

当時、1ランド＝16円程度でした。ですので、たとえば1万ランドの取引をしたければ、約16万円必要になります。

ランド建て外貨預金、ランド建てMMF、ランド建て債券など、いずれの取引であっても、ランド建てで取引するのであれば、日本円にして約16万円必要なのです。

しかし、これがFXでの取引であれば、1万円程度の証拠金で、1万ランドの取引ができるのです。

証拠金とは、言わば**「見せ金」**のこと。必要な証拠金額は業者によって異なりますが、1万ランドの取引であれば、証拠金は1万円もあれば十分でした。

わずかな証拠金で、その何倍もの外貨を取引できる……繰り返しになりますが、それがFXなのです。

冒頭で、「ランドに200万円投資している」と書きましたが、200万円は証拠金の額です。

この証拠金をもとに、私が取引をしていた金額は70万ランドでした。

ちなみに70万ランドは約1120万円（当時のレート、1ランド＝16円として計算）ですから、かなりの金額ですね。

70万ランドもあれば、ランドが1円動けば、日本円にしてなんと70万円が動きます。

1円円安に動けば70万円の儲けですし、1円円高に動けば70万円の損失です。**実は、とんでもないリスクを背負っていたのです。**

ランドは1日でも10～20銭程度は動きますから、70万ランドも取引していれば、1日で10万円くらいの変動があります。

ちなみに証拠金200万円を目一杯使えば、300万ランドくらい取引することも可能でした。

ただ、300万ランドも取引すれば、ランドの相場が1円動くだけで300万円の損益が出ます。もし、少しでも円高に振れたなら、アッという間に証拠金が吹っ飛んでしまう計算です。

さすがにそれは怖いと、目一杯の取引をせずに、かなり抑えての70万ランドなのでした。

それでも、70万ランドは1000万円を超える大金ですね。

なので、ちょっと見栄を張りたいときには、**「ランドというマニアックな通貨だけで、1000万円以上取引しています」**と言うことができます。

口座に入れている金額（証拠金）は200万円ですが、「取引している」金額は70万ランド、日本円にして1000万円を超えています。なので、嘘ではありません。

このように、言い方次第で、さも大金を運用しているかのように思わせることができるのです。

これは、運用資金で見栄を張りたいときの常套手段でもあるので、知っておいて損はないかもしれませんね。

夢のスワップ金利生活

外貨の大きな魅力は、高い金利です。

とくに、当時の南アフリカランドの金利は非常に高く（今でも十分に高いですが）、1万ランド持っていれば、利息は年間1万円を軽く超えていました。

なので、70万ランド持っていればその70倍……年間70万円以上もの金利を手に入れることができたのです。

FXでは、実際の取引額に対して、金利がつきます。

なので、証拠金に対する割合で見ると、これはとんでもない割合になるのです。金利が年間70万円以上ということは、証拠金200万円に対しては、年率35％以上ですからね。

しかも、FXでは嬉しいことに、**金利は日割りで毎日、口座に入ってきます**（土日祝については調整あり）。

1万ランド持っていれば、毎日30円以上、確実に入ってきたのです。30円とはいえ、**お金が毎日、チャリーン、チャリーンと勝手に貯まっていく**わけですから、これはとても気持ち良いものでした。

70万ランドあれば、毎日２０００円以上入ってきます。この額になれば、パサッ、パサッ（紙幣の落ちる音）ですね。

なお、ＦＸでは金利と言わずに、「スワップポイント」「スワップ金利」と言います。

これで、冒頭の「ランドに２００万円投資をすることで、毎日２０００円以上受け取っていた」ことには、ご納得いただけるかと思います。

当時、**「スワップ金利生活」**なるものが、ＦＸ愛好家の中で流行っていました。

その名の通り、毎日のスワップ金利だけで生活するという、夢のような不労所得生活のことです。

そして、私も密かに「スワップ金利生活」を目指していたわけです。

冒頭でも書いたように、証拠金をじわじわ積み増して、取引金額を増やし、まずはランドだけで毎日６０００円のスワップ金利を受け取れるようにしようと息巻いていたのです。

当時はランドだけでなく、豪ドルやニュージーランドドル、そしてイギリスポンドなど、他にも高金利通貨はたくさんありました。最終的には、それら高金利通貨も合わせて1億円ほど保有して、毎日2万円ほどのスワップ金利を受け取る計画を、真剣に練っていたのです。

そして、それは十分に達成できるものだと、確信していたのです。

夢、破れる

夢のスワップ金利生活……残念ながら、その計画は見事に崩れ去りました。

理由は単純明快、ランドの下落です。それにより甚大な為替差損が出て**証拠金が激減、そして取引が続けられなくなってしまったのです。**


あれは2007年から2008年にかけての頃でした。サブプライムローン問題をきっかけに世界経済が急激に悪化、株式や不動産市場が一気に冷え込みました。

こうなると、世界中が完全にリスクオフ（リスクのある投資先から資金を引き上げる）となり、政情不安定・財政基盤が脆弱な新興諸国の通貨は売り込まれたのです。

南アフリカも例外ではなく、ランドは下落していくのでした。ランド安です。

一方で、サブプライムローンの影響が比較的少なかった日本円が、相対的に買われることなったのです。円高、です。

それまでは世界的な好景気の中、リスクオン（リスクのある投資先へ資金を投入する）の状態で、高金利通貨は買われ続けていました。それにより、長期にわたる円安トレンドが続いていたのです。なので、スワップ金利だけでなく、円安による為替差益でもウハウハだったのです。

私がＦＰとして独立したのが２００１年ですが、ちょうどそのあたりからＦＸが注目され始め、２００８年あたりまでは基本的に円安傾向でした。その間は、高金利通貨を買ってさえいれば、ＦＸは誰でも儲かる投資だったのです。

しかし、そんな**「良き時代」は終わりを告げたのです。**

と、「終わりを告げた」など、それは今だから振り返って言えるセリフです。

当時は、まだまだ「良き時代（円安トレンド）」は続いていると思っていました。いや、夢のスワップ金利生活のためには、続いてもらわないと困るのでした。そして、「この円高は一時的なもので、また円安になるわ」と、楽観的に構えていたのです。

当時、私はあまりにもスワップ金利生活へのイメージを強く持っていたため（これを妄想ともいう）、スワップ金利生活が破綻してしまうという現実から、思いっきり目を背けてしまっていたのです。

そして、何の根拠もなく、「また円安に戻る」と、自分にとって都合の良いシナリオを信じていたのでした。

しかし非情にも、ランドに対して円高はぐいぐい進んでいきました。

1日で10銭程度の円高（この場合は7万円の損失）はザラで、数万円単位で、日々、身が削られていく思いでした。

そしてなぜか、楽しいレジャーの日に、大幅な円高（＝ランドの暴落）が重なることが多かったように思えます。

たとえば某遊園地に行った日、30銭ほど円高になりました。

これはなんと20万円以上の損失です。

私はジェットコースターなどの絶叫系は苦手で乗りませんが、このランドの暴落には、ジェットコースターに乗らずとも急降下を味わい、心の中で絶叫しておりました。

某アウトレットモールに行った日には、50銭以上も円高が進みました。

これはなんと35万円以上の損失です。

お目当ての服が70％オフで１万円以上安く買えても、「こんなの焼け石に水だな……」と、完全に上の空で、１日を過ごしたことを覚えています。

２００７年に入ってからじわじわ買い増したランドは、70万ランドまで積み上がっていました。

ちなみに２００７年は、１ランド＝15円～18円程度で推移していて、私の平均購入価格は１ランド＝16円前後だったと記憶しています。

それが、サブプライムローン問題が本格化してきた２００８年に入ると、節目の15円を割り込み、その後は14円台、13円台と、一気に円高が進んだのです。

70万ランド持っていたので、１円円高につき70万円の為替差損という、**甚大な損失を被りました**。

これによって２００万円あった証拠金は、ほとんどなくなってしまったのです。

取引金額に対して一定割合以上の証拠金がないと、原則として**強制決済**されます。そうして、１ランド＝13円台まで円高が進んだところで、すべてのランドを泣く泣く手放すことになったのでした。

これでスワップ金利生活という夢は、完全に絶たれてしまいました。

ＦＸの怖さを身を持って知り、**ＦＸには二度と手を出すものか**……と心に誓ったのでした。

それから数年後にまた手を出しますが。

ところで、スワップ金利生活を見越して断ってしまった大学講座ですが、慌てて他の大学講座を斡旋してもらい、事なきを得ました。

投資の損失を、本業で補填するという、お金のプロであるＦＰとして極めて恥ずかしい行為です。

さすがにこれは、しばらくの間は、ネタとしては封印しておりました。

一歩間違えれば破滅

意地でもランドは手放さない、という選択肢もありました。

少なくなった証拠金を継ぎ足して、強制決済にならないようにすれば、70万ランドを保有し続けることは可能ではありました。

しかし、もしそれをしていたなら、とんでもないことになりました。

私は結局、２００８年に入ってすぐ、1ランド＝13円台のところですべてのランドを手放しました（証拠金がなくなり、強制決済）。

そしてその後、１ランド＝12円まで円高は進んでいます。

もし証拠金を継ぎ足して70万ランドを持ち続けていれば、さらに70万円以上のマイナスだったのです。

ただ、２００８年夏にかけて、いったんは1ランド＝15円程度まで戻してきました。

証拠金を継ぎ足して強制決済をしのいでいたなら、ここでホッとして、その粘り強さをアチコチで自慢していたことでしょう。

しかし２００８年秋、リーマンショックにより、**再びランドが大暴落**（＝強烈な円高）します。

再び1ランド＝13円、12円と、一気に円高が進み、更には11円、10円、ついには9円、8円と1ケタ台に突入し、一瞬ではありますが、ランド史上最安値（当時）の7円台までつけるのでした。

もし意地になって証拠金を継ぎ足し続けていたなら、継ぎ足すたびにアッという間に溶けてなくなり、最終的には500～600万円が吹き飛ぶ計算です。

ここまでくると、ネタにして笑えないレベルですね。なので、あくまでも結果論ですが、13円台ですべてのランドを手放して正解だったわけです。

もっとも、意を決して手放したわけではなく……下落するランド（＝円高）に何も手を打つことなく、「うわぁ、ヤバいなぁ」と茫然と眺めているうちに、強制的に決済されただけなので、何の自慢にもなりませんが。

今思えば何とお気楽なことか、ランドが暴落することなど想定していなかったのです。スワップ金利生活への想いがあまりにも強すぎたせいか、その実現に都合の悪いシナリオは、無意識に除外してしまっていたのです。

リスクをまったく無視して投資をするという、これもまた、ＦＰとして極めて恥ずかしい行為です。

ＦＸでは欲に目が眩んだ行為の連発で、まったくもって恥ずかしい限りです。

ちなみに、この２００８年のランド暴落に逆らって、破滅した人も少なくありませんでした。

彼らは証拠金を継ぎ足して取引額を維持するだけでなく、果敢にも下落したランドを買い増したのです。

これは、いわゆる**ナンピン買い**というヤツです。

ナンピン買いとは、下落するたびに買い増すことで、平均購入単価を下げる投資手法です。この場合、その後、ランドが値上がりすれば、早い段階で、損失を取り戻すことができます。

しかし、ランドの下落が続くと、目も当てられない状況となってしまいます。

保有するランドは膨らんでいくわけですから、リスクも膨らんでいくという、まさに諸刃の剣の投資手法なのです。

私の知り合いに、ナンピン買いマニアがいました。

彼は、「これは！」と思ったものは、とことんナンピン買いを仕掛けます。「ナンピン買いを続ければ、いつかは必ず、報われる」が彼の信条でした。

そんな彼も、1ランド＝10円を割り込み、1ケタに突入したあたりで、**「これは、あり得ない！」**とランドから撤退、そしてＦＸからも去っていきました。それだけ強烈な暴落だったのでした。

もっとも、暴落はランドに限らず、他の多くの通貨も暴落しました。2008年のリーマンショック時には、ほとんどの通貨に対して、大幅な円高へと動いたのでした。たとえばランドと並んで高金利通貨として人気のオーストラリアドル。2008年夏には1豪ドル＝100円を超えていたのが、一気に50円台まで円高が進みました。1万豪ドル持っているだけで、50万円の損失です。

また、当時は高金利だったユーロも、1ユーロ＝170円近かったのが、一気に100円台まで円高に。1万ユーロで70万円近くの損失です。

2008年は、多くのFX愛好家の悲鳴が響いた年となりました。

しかも、リーマンショック後の世界的な不景気で、各国ともに金利を下げてきたのです。景気が悪化すると、金利を下げることでお金の巡りを良くして、景気を回復させようとするのです（これを金融緩和という）。

それにより、米ドルやユーロは、日本円並みに低金利となりました。

また、ランドや豪ドルなども、かつての水準に比べれば、ずいぶん下がってしまったのです。

当然、スワップ金利の水準も下がり、スワップ金利狙いの魅力もかなり下がりました。

そして、私を含め、多くのＦＸ愛好家（とくに、長期保有の円安・スワップ狙い派）は、ＦＸから離れていくのでした。

最初の元手は結婚式のご祝儀

さて、ここまでの私のＦＸ体験談をまとめると、「ランドで大金を取引して、大損した」という、身も蓋もない話です。

しかし、これが私にとって、初めてのＦＸ取引ではありません。初めてのＦＸで、いきなりランドというマニアックな通貨で、いきなり日本円にして１０００万円以上も取引するほどの根性はありません。

実は、ランドへの投資の前に、まずは豪ドルなどへの投資から、ボチボチやっていたのでした。

時は少しさかのぼりますが、その話をしたいと思います。

そもそも、私がＦＸを知ったきっかけは、新婚旅行です。

新婚旅行でオーストラリアに行くことになり、できるだけ有利な条件（円高のとき）で豪ドルに換金すべく、毎日のように豪ドル相場を眺めておりました。

そして日々、豪ドルの動きに一喜一憂。そうやって毎日豪ドルを眺めているうちに、この通貨に、なんだか愛着がわいてきたのです。

となると、ＦＰとしては、豪ドルに投資してみたくなるものです。

しかし外貨預金では面白くありません、というか、為替手数料が高すぎます。そこでいろいろ調べてみたところ、ＦＸに辿り着いたわけなのです。

それは今から12～13年前のこと、ちょうどＦＸブーム前夜の頃でした。

新婚旅行から帰ってすぐに、ＦＸにトライ。**ご祝儀からこっそり拝借した10万円**を証拠金に、１万豪ドルを買いました。

豪ドルの金利は高く、当時、１万豪ドル持っていれば、毎日１００円ほどのスワップ金利が入ってくるのでした。

１日１００円とはいえ、口座残高が毎日増えていくのを見て、**「こんな美味い投資があるんだ」**と、身震いしたのを覚えています。

これに調子づいて、他の通貨にも手を出しました。

まずは同じオセアニア通貨であるニュージーランドドル、そして、かつてオーストラリアヤニュージーランドを植民地にしていたイギリス（ポンド）、からの同じ欧州つながりでユーロ……と、わりと適当な連想ゲーム的発想で、でもちゃっかり高金利通貨を狙って、ボチボチ買い増していったのです。

そして気が付けば、毎日500円くらいのスワップ金利が入ってくるようになったのです。

当時、独立して3年目。

まだ安定収入のなかった私にとって、このスワップ金利は、**唯一の安定収入**となりました。毎月にすると1.5万円とはいえ、これは精神的な大きな支えとなりました。

結婚して、これからは毎月一定額の生活費を入れることが求められ、プレッシャーを感じつつあった私にとっては、FXは大きな光明となったのです。

そして、「FXは、私の人生を左右するかもしれない！」と、結婚してしばらくは、FXの研究ばかりしていたのです。

さて、私がFXを始めた頃は、運よく、ちょうど円安トレンドの時期でした。なので、どの通貨を買ったとしても、それなりに為替差益が出て儲かったのでした。

私もFXを始めて数ヵ月で、スワップ金利とは別に、数万円の為替差益が出ました。

ただし、これは**「含み益」**なので、決済しない限りは手には入りません。そんな中、円安はぐいぐい進み、あれよあれよという間に、含み益は10万円を超えてきたのです。

こうなると、10万円儲かった気分になります。なので、円高になって含み益が10万円を割り込んだときには、「10万円から減ってしまった！」と**すごく損した気分**になるのです。

まだ投資経験の浅かった私は、その変動に耐え切れませんでした。

そして、投資でアッという間に10万円儲かったことにも、上手くいきすぎて怖くなり、持っていた外貨をすべて決済したのです。

結局、10万円の証拠金は倍になったわけです。

拝借したご祝儀10万円を返して、**10万円が丸儲け**ですから、そのときは大満足でした。

このように、私の初めてのＦＸ投資は、プラスだったのです。

しかしその後、円安がどんどん進んでいくのを見て、悔しい思いをすることになります。

あのとき決済せずに持っていたなら、まだまだ儲かったのに……と、投資にはあるまじき「たら」「れば」をウジウジ思いながら、進行する円安を、ただただ指をくわえながら眺めていました。

しかも、外貨を手放したので、スワップ金利はもう入ってきません。

これまでは毎日500円入ってきたのに……と、まるで毎日500円ずつ損をしていくかのようにさえ、思えてきました。

せっかく儲かったのに、悶々と思い悩んでいたのです。

そこで、早々に外貨を手放してしまったことを後悔して、「こんどは円安になっても決済せずに、**ひたすらスワップ金利狙いだ！**」と心に誓い、円高のタイミングを待って、再びＦＸで外貨を買おうと待ち構えることにしました。

しかし、待てども待てども、円高のタイミングはやってきません。

そこで我慢しきれずに、一時は、ＦＸの短期トレードにも手を出しました。

ＦＸの短期トレードとは、為替のわずかな動きをすくって、こまめに取引することで、儲けを出すやり方です。

手数料が安く、資金効率の良いＦＸは、短期トレードでも大いに威力を発揮するのです。

それこそ、ＦＸを使って、1日に外貨を何百回と売買する猛者《もさ》もいたりします。

ただ、短期トレードには「合う」「合わない」があるようで、私の場合は、徹底的に合わなかったようでした。

短期トレードでは、目まぐるしく変化する相場状況の中、即時の判断が重要です。しかし、牛丼屋で並盛にするか大盛にするかを2〜3分も悩むような私には、それは到底できないことでした。

また、FXは夜中でも取引ができてしまうため（むしろ、夜中の方が相場は大きく動く）、夜中に執筆する私にとっては、それが気になって仕方ありません。

短期トレードでの運用成果はトントンでしたが、これは精神的に持たないと思い、スワップ金利狙いの長期投資に絞ることにしました。

しかし、外貨を持たないことには、スワップ金利は1円も入ってきません。

そこでとりあえずは、円高のタイミングにこだわらずに少額からコツコツ、高金利通貨を買っていこうと決めたのでした。

といった流れから、豪ドルを上回る高金利をつける南アフリカランドに目をつけることは、必然だったのです。

そうやって高金利通貨というだけで目を付けた南アフリカランドでしたが、やはり、日々入ってくるスワップ金利の魅力は健在でした。

当たり前ですが、ランドを買えば買うほど、スワップ金利はたくさんもらえます。

久しぶりのスワップ金利の魅力には抗えずに、じわじわランドを購入、そして気が付けば、冒頭で書いたように、1日で2000円ほどのスワップ金利が入るようになっていたのです。

これに気を良くして、スワップ金利だけで食っていけるのでは……とまで妄想が広がります。

しかし、2008年に入ってのランド暴落で**致命的なダメージ**を負って、FXから撤退したことは、前述のとおりです。

トルコの「リラ」でリベンジ！

こうして、ランドでの大損からしばらくはFXより遠ざかっていたのですが、2013年に転機が訪れます。

それは、**アベノミクス**による経済効果。

持っていた株式は軒並み値上がり、また、新規公開株でも200万円ほどの儲け（第2章参照）と、投資で大儲けとなったのです。しかも、歴史的な株価上昇により、投資関連の取材や講演も増え、本業も絶好調だったのです。

2008年のリーマンショック時には、本業の収入に迫るほどの投資損失が出ました。さすがにこれには、「1年間、タダ働きかよ……」と相当凹みました。

しかし、2013年はアベノミクスにより、本業の収入と同じくらいの投資利益が出たのです。

極端な話、相場次第で食卓の料理がめざしかステーキか、というくらい、**相場に振り回される仕事**をしているのだな……と痛感した次第です。


いずれにせよ、2013年は、大いに潤った年になりました。

こうなるとがぜん気が大きくなって、「FXには二度と手を出すものか」との誓い（192ページ参照）などすっかり忘れて、「パワーチャージ完了、今こそリベンジだ」とばかりに、FXに再チャレンジしたのです。

これまでの反省を活かし、円高による損失で強制決済にならないように十分すぎるほどの証拠金を入れて、円安による利益に惑わされて決済しないように「為替差益はムシ！」と心に決めました。

今度はどっしりと腰を据えて、**スワップ金利狙いの長期投資**に挑んだのでした。

ただ、肝心のランド金利水準が、かつてに比べてかなり下がっていました。

かつては1万ランドで毎日30円以上あったスワップ金利が、10円前後とさみしい限りに。

ちなみに豪ドルのスワップ金利も、かつては1万豪ドルで毎日120円ほどあったのが、60円前後に下がっていました。

それでも十分に高水準なのですが、ランドや豪ドルについては、かつてのスワップ金利水準を知っているだけに、どうしてもそのスワップ金利ではヤル気が出なかったのでした。


そこで、それまで手を出していない新たな高金利通貨として掘り当てたのが、トルコ通貨のリラでした。

トルコには、縁もゆかりも愛着も、何もありません。ただただ高金利という魅力があるだけですが、スワップ金利目当ての私にとっては、それで十分でした。

2013年末に、1リラ＝約50円で、2万リラ（日本円にして約100万円分）を買いました。

これでスワップ金利は毎日150円ほど入ってくる計算です。

証拠金はたっぷり80万円入れて、よほどの円高にならない限り、証拠金がなくなって強制決済にはならないように設定しました。

これであとはみずから決済しない限り、スワップ金利が毎日入ってくるわけです。スワップ金利生活にはまだまだほど遠い金額ですが、「150円あれば、毎日ペットボトルがタダで飲めるなぁ」など、久しぶりに心地よい妄想に浸ることもできました。

さて、その後のトルコリラの動きですが……**いきなりのリラ急落に見舞われます**。

要因のひとつは、アメリカの景気回復。

アメリカの景気回復により、これまで行っていた米ドルの量的金融緩和の縮小が始まったからです。

これはすなわち、今までお金の巡りを良くするためにジャブジャブに溢れていた米ドルを、引き上げる作業に入ったということです。

これまで溢れていた米ドルが向かっていた先が新興諸国で、その中にはトルコも含まれます。

そこから資金が引き上げられたということは、当然、トルコの通貨リラも下落するわけです。また、同時期にトルコ自体の問題として、汚職に絡んだ政局混乱も重なります。これにより、リラは急落したのでした。

アメリカの金融政策やトルコの汚職問題……そんな世界のニュースに、投資を通じて、当事者感覚で接している自分がちょっとカッコイイかな、と悠長なことを思っていました。でも気がつけば、買ってから1カ月足らずで、リラは50円から一気に45円を切るラインまで急落、2万リラ持っていたので、いきなり約10万円の損失です。

どっしりと据えた腰は、いきなり揺らぎました。

政情不安定な新興国であるトルコ通貨のリラは、今後も、激しい動きをすることでしょう。

最近では、2016年7月に起こったクーデター未遂事件など、記憶に新しいところです。当然、一時的にリラは急落、ヒヤヒヤしながら見守っておりました。

しかし、リラが高金利通貨である限り、狼狽して手放すつもりはありません。

これまで、毎日受け取るスワップ金利を積み上げては、円安の儲けや円高の損失のため決済してゼロに戻り、また積み上げては決済してゼロに戻り……の繰り返しでした。

しかしこれからはブレることなく、スワップ金利生活をめざし、高金利通貨をひたすら買い増し、そして一生持ち続けようと、腹をくくっています。

FXのイメージはあまり良くない？

それでは最後に、ＦＸのイメージについても少し、書いておきたいと思います。

ＦＸのようなインパクトのある投資経験は、絶好のネタです。ですので、ＦＸをやり始めてからは、機会あるごとに「私、ＦＸやっているんですけど、ＦＸってご存じですか？」と、アチコチでＦＸネタを振っていました。

それに対する反応は、じつに様々です。

「それ、大儲けできるヤツですすね」

「ということは、けっこう稼いでますすね（ニヤリ）？」

多いのは、そんな反応です。

実際、やり方次第では大儲けも可能です。

となると、興味を持つ人も多いわけです。

書店の「利殖コーナー」へ行けば、「ＦＸで○○千万円稼ぐ」的な本を、必ず目にするはずです。ＦＸがブームになり始めた２００５年あたりからＦＸ関連本が多く並ぶようになり、今や、利殖コーナーは株関連とＦＸ関連が大半を占めると言ってもよいでしょう。

ですので、少しでも投資に興味がある人であれば、FXの特性（**ハイリスク・ハイリターン**）はよくご存じなのです。

その一方で、投資に興味がない人には、まだまだ知られていないのが現状です。

私は、どうしてもFXの話をしたくてウズウズするときには、まったく場の空気を読まずに、投資に興味のない友人知人との飲み会などで切り出してしまうこともあります。

ハイリスク・ハイリターンのFXの本は「利殖コーナー」に並んでいる。

投資の勧誘と勘違いされて引かれることもあるので、悪い癖とは分かっているのですが……。

「何それ、聞いたことないな」

「何それ、目薬やっているって、どういうこと？」

投資に興味のない彼らにとっては、その程度の認識でした。

ちなみに目薬とは、1990年代に流行った、織田裕二の「キターッ!!」

のＣＭで有名な、参天製薬の『サンテＦＸ』のこと。一般には、どうやら目薬の認知度の方が上のようでした（これには少々、ガッカリ）。

あと、中には、こんな反応も珍しくありませんでした。

「ああ、詐欺のヤツね」

「ああ、よくトラブルになるヤツね」

実際、ＦＸ絡みの投資詐欺・トラブルは少なくありません。

ＦＸで運用して増やしてあげるから……と、**そのまま資金を持ち逃げされるケース**。

また、ＦＸ業者が**証拠金の返還に応じない**、**解約に応じない**、あげくの果てには**破綻して連絡がとれない**、などなど。

また、ネット上では「ＦＸで儲ける」といったような情報商材が溢れていますが、その分、「話と違うやんけ！」といったトラブルも続発しております。これらは、ＦＸは分かりやすく、かつギャンブル的要素が強いが故のことでしょう。

ＦＸは最強の投資？

すなわち、これらＦＸへの反応を集約すると、「大儲けできる投資」「一般にはあまり聞かない投資」「詐欺・トラブルでよく聞く投資」といったところでしょうか。

これらをまとめれば、「あやしい投資」と言われても仕方ないですね。だからこそ、「あやしい投資」がテーマの本書で取り上げているわけですが。

また、そのギャンブル性や、あやしい業者や情報商材等が多いというＦＸを取り巻く環境から、悪者扱いされることも少なくありません。

しかし、ＦＸそのものは、決してあやしくもなく、悪者でもありません。

ＦＸがあやしいと言われるのは、**あまりにも高性能で威力がある**ため（たとえるなら、超高性能ターボエンジンを積んでいる車）、**それを扱う人の心が「あらぬ方向」へ行ってしまうことが多い**からです。

私個人としては、外貨建て商品としては、ＦＸは最強の投資だと思っております。ただ、これを大規模なセミナーなどで話すと、「あのＦＰは、ギャンブルを勧めた！」とアンケートに書かれてしまうのですが……。

最強の理由としては、まず、手数料が驚くほど安いこと。

外貨建て投資には為替手数料（両替料）がかかりますが、ＦＸでは売買の差、たとえば

「買い」は1米ドル＝100円20銭、「売り」は1米ドル＝100円10銭といった場合、その差（スプレッドという）である10銭が、実質的な為替手数料となります。

外貨預金であれば、手数料は1米ドルあたり1円～30銭程度が一般的ですが、FXでは1銭以下であることも珍しくありません。

豪ドルなどの人気通貨は2円程度ですが、FXでは2銭程度と、なんと100分の1ほどになります。私はFXを知ってからは、外貨預金はまったくやっていません。

すでに説明した、「わずかな証拠金で大きな取引ができる。しかも、金利は取引金額に対してもらえる」ことは、しっかりリスク管理ができていれば、これは**資金効率が非常に良い**という大きなメリットです。

そして、通貨取引は世界規模なので、**流動性は抜群**です。

取引規模の小さい株式などは、売買が成立しないこと（もしくは注文価格とかけ離れた値段で約定すること）もありますが、FXではそんなことは、まずありません。

さらに言えば、FXは通貨そのものの取引なので、外国株式や外国債券のように、その発行体のリスクはありません。純粋に外貨そのもののリスクを負うのみです。

また、平日日中しか取引できない株式と違って、原則、24時間取引が可能です。

これらの理由から、投資経験がある人ほど、株式等からFXにシフトしているのです。

少なくとも、外貨投資をするのであれば、FXをやらない理由はないかと思っています(個人的見解ですが)。


ちなみにFXは、FX専門会社や証券会社、最近ではネット銀行でも扱っています。

もちろん、取り扱い通貨数や手数料、またスワップ金利水準など、業者によって様々です。私は20社ほどに口座を開き、いろいろ試した結果、今現在、メインで使っているのはセントラル短資FXです。

あまり聞かない会社名ですが、スワップ金利水準の高さと、資産保全の安心さなどで選びました(あくまでも私の個人的な好みですが)。

もし証券会社に口座を持っているのであれば、その証券会社でFX口座を開設するのが、抵抗なく始めることができておススメでしょう。

【FXの収支】
約150万円の損失

南アフリカランドの急落で、200万円あった証拠金の大半を失いました。ただ、ビギナーズラックで儲けた豪ドルでの収益10万円と、それまでに稼いだスワップ金利の蓄積がそれなりにあったので、実質的には150万円ほどの損失です。

7章

先物取引をやってみた

あやしい投資の代表格・先物取引

私が今の活動（自身の投資体験談をしゃべったり、書いたりすること）を本格化させ始めたのは3年程前から。そしてその頃から意識して、様々な投資にチャレンジするようになりました。話題の投資、とくに、ネタになりそうなあやしい投資は、一通りやってやろうと。

先物取引も、その候補の一つでした。

ただ、信用金庫に勤めていた頃、「先物取引で大損してもうて……お金が必要なんで、定期預金を解約させて」と言って、大口の定期預金を解約された苦い記憶があります。この解約は私の成績に響き、それ以来、私の中では**先物取引は完全に悪者扱い**です。なので、この先物取引には興味がありつつも投資する気にはなれず、長い間、完全にスルーしていました。

しかし、先物取引はわりとメジャーな投資で、興味を持つ人も少なくありません。それでいて、世間一般では「危ない」「あやしい」とのイメージが強いという、まさに、あやしい投資の代表格にうってつけの題材ではありませんか。

そう考えると、それまでは避けていた先物取引についても、「これもやらねば」との変な強迫観念に捉われ、2014年の春、遅咲きの（?）先物取引デビューを果たしました。

そこで最終章では、そのときの状況を、リアルに綴ってみたいと思います。

そもそも先物取引って何？

一般的な投資として「先物取引」という場合、それは**「日経平均先物」**を言います。

先物と聞いて、金、プラチナ、大豆、とうもろこし……などの貴金属や農作物などを思い浮かべる人も多いかと思いますが、それらは「商品先物」と言われる取引です。これらはあまりにもマニアックすぎるので、本書では触れません。

なお、日経平均とは、日経平均株価のことで、東京証券取引所第一部に上場する銘柄のうち、代表的な225銘柄の株価の平均です。

誤解を恐れずに言えば、日本を代表する225社の平均株価です。そしてこれは、日本の株式市場全体の動向を示す、超有名な指標とされています。

先物取引では、一定の証拠金を差し入れることにより、その証拠金の何倍もの日経平均株価を取引できるのです。

証拠金での取引という意味では、前章のＦＸと同じですね。なので、とりあえずは、ハイリスクな投資であることは、お分かりいただけたと思います。

もっとも、「日経平均を取引するって、どういうこと?」「『先物』の意味は?」など、他にもいろいろ疑問はあるかと思いますが、そのあたりは、実際の取引の中で説明していきますね。


それでは、これから私の先物取引デビューの状況を、綴っていきます。

ハイリスク投資である先物取引で大儲けしたのか、大損したのか、それとも中途半端な結果に終わったのか。いかなる結果であれ、包み隠さずにご披露いたします。

まずは先物口座の開設をする

先物取引は、ほとんどの証券会社で扱っています。

なので、普段から使い慣れているネット証券のひとつ、マネックス証券で取引することにしました。

さっそくログインをして、「先物・オプション」画面をクリックします。

すると、「先物・オプション取引には、先物・オプション取引口座の開設が必要です」との表示があるではないですか。

面倒だなぁ……と思いつつも、口座がないことには取引ができません。

手続きはネット上でできるようなので、ここは迷うことなく「お申込み」をクリックして、先に進みます。

まずは、「取引規定」「取引ルール」「口座設定約諾書」などといった諸々の書面（PDFファイル）を確認し、そして登録情報に変更がないかをチェックして……と、画面に誘導されるがままに進めます。

とくにややこしいことはなく、ふんふん♪と機械的に進めていると、突然、**「ウェブ審査」**なる画面となりました。

ここで、お客様が当社の口座開設基準を満たしているかを審査致します、とのことです。

審査だと？　……いったい何を審査されるのだ、と思わず身構えてしまいましたが、その内容はアンケートに近い、他愛もないものでした。

その一部を要約抜粋したものが、以下です。

・先物・オプション取引の経験、または株式もしくはFXの1年以上の経験がありますか？

・常にインターネットで当社のWebサイトにアクセスできる環境にありますか？

・金融資産が100万円以上あって、投資資金は余裕資金ですか？

こういった質問がいくつかあるのですが、「先物取引をしたければ、**すべてを「はい」にしておけばいいんでしょ**」と思いながら、機械的に「はい」「はい」とマークしていきます。

でもこれって自己申告なので、**嘘ついていても分からないよな**……と思いつつ。

とはいえ、ある程度ネットでの投資経験があって、先物取引に興味のある人なら、嘘をつかなくても、間違いなく「はい」と答える質問ばかりですが。もちろん私も、素直に答えて、すべて「はい」でした。

そして、次の画面に進みます。

次は、当社での先物・オプション取引に関する理解度について確認させていただきます、とのことです。

ここで正誤問題を7問出題され、これにパーフェクト解答が求められました。どうやら、そう簡単には口座は開かせてくれないようです。

ただ、私はFPですから、先物取引の基本くらい分かっているよ……と高をくくって挑みました。

しかし、ん？

・マネックス証券においては、必要証拠金は現金のみで、代用有価証券による差し入れは利用できない。

・証拠金が最低維持証拠金を割り込むと追加証拠金（追証）が発生するが、その場合、その入金期日は追証が発生した日から2営業日後の15時30分までである。

……ええ!?

その問題を見てビックリ、これは分かりません。

先物取引の一般的な仕組みではなく、マネックス証券の取引規定等から出題されているのです。

これには、手続きの最初にあった書面（「取引規定」や「取引ルール」等）をよく読まなかったでしょ、と怒られているような気がしました。実際、よく読まずに、「理解して同意する」をクリックして、ここまで進めてきたわけですから。

間違えると、もう一度、やり直しのようです。

ただ、1日に審査を受けられる回数には上限があり、上限に達した場合は翌日以降の申し込みとなってしまうとのことで、これはかなりプレッシャーです。

これは、本気で試されているぞ、と直感しました。

全問正解はムリかも。このまま私は一生涯、先物取引ができないのか……と、かるく絶望感を覚えたのでした。


ただ、画面をよ～く見ると、「よく分からなかった、回答を間違えた、はこちらをご確認ください」との表示がありました。

おお、これはヒントか、と、その表示をクリックすると、「先物・オプション取引をご検討のお客様」と題して、取引規定を分かりやすくまとめた画面が出てきたではありませんか。

ここに問題のヒント、というか、答えそのものが書いてあり、これで**カンニングし放題**でした。

おかげで、無事に全問正解。あとは、ここまでの内容確認をして、承諾書の確認と提出をして、何だかんだで20分程度で手続き終了。

そしてその2日後の朝、無事、口座開設完了のメールが届いたのでした。

手堅く「ミニ」を選ぶ

さて、これでいつでも先物取引ができるのですが……じつは、先物取引には「通常バージョン」と「ミニバージョン」の2パターンあり、まずは、このどちらかを選ばないといけません。

通常バージョンでは、日経平均先物の取引単位（1枚）は、日経平均の1000倍です。

私が先物デビューをした2014年5月頃は、日経平均は1万4000円台で推移していました。なので、なんと1400万円もの金額を取引することになるのです。

マネックス証券の場合、この金額を、120万円ほどの証拠金を差し入れることで取引ができたのです。

仮に日経平均が100円動くと、その1000倍ですから、10万円が動くことになります。

日経平均は1日で100円〜200円くらいは簡単に動くので、これは下手すれば、**数日でこの本の印税くらいの金額が吹っ飛んでしまうかもしれません。**

出版による印税は、私にとって大切な収入源です。

その印税が吹っ飛んでしまうとなると、私の執筆意欲に影響します。執筆意欲が下がることは絶対に避けなければいけません。

なので、この通常バージョンでの取引には躊躇するのでした。

そこで、トライしたのは、**ミニバージョン**でした。

ミニの取引単位は、日経平均の100倍ですから、当時でだいたい140万円（1万4000円×100）を取引することになります。

マネックス証券の場合、この金額を、12万円ほどの証拠金を差し入れることで取引ができました。

これなら、日経平均が100円動いても、損益は1万円で済みます。それでもハイリスクな取引ではありますが、これなら印税が吹っ飛ぶことはないでしょう。

というわけで、まずはミニバージョン（「日経225ミニ」ともいう）にて、最低取引単位（1枚）から始めることにしました。

「限月」はいつにする？

次に選ぶのは、「限月《げんげつ》」です。

限月とは、いわゆる決済日のことです。先物取引独特の耳慣れない言葉で、私も最初は「なんだ、そりゃ？」と、まったく分かりませんでした。

先物取引とは、ザックリ言えば、**「今売買して、『将来』に決済する取引」**のことです。

その「将来」っていつなのか……これはハッキリと決まっていて、3月・6月・9月・12月の第2金曜日です。

この年4回の決済日のうち、先物取引では、いずれかの限月（決済日）を選ばなければなりません。ちなみに当時、直近の決済日は2014年6月13日（金）となり、これを6月限と言います。

この6月限の価格ですが、当時は1万4000円程度で推移していました。

この6月限の先物を1万4000円で買っておけば（決済日に、日経平均を1万4000円で買う契約をしておけば）、決済日に決定される価格（SQ値という）で清算されることになります。

仮にSQ値が1万5000円であれば、1000円儲かることになりますね。

ただし、決済日の前に、決済してもかまいません。

たとえば、1万4000円で買った日経先物（6月限）が、一気に値上がりして1万5000円となったとしましょう。株価が急騰して、「来月には、日経平均は1万5000円くらいになる！」と皆が思えば、当然、先物価格も上がるわけです。

この場合、6月の決済日を待たずに、その1万5000円で決済してしまうことで、差額の1000円が儲かるのです。

限月は、常に13種類が取引できますが、一般には、直近の限月ほど、取引は活発に行われています。

というわけで、とくに限月にこだわりはなかったので、直近の6月限で取引しようと思いました。

ちなみに、私が取引した「ミニ」の場合には、３月・６月・９月・12月に加えて、それ以外の月も、直近の３限月（当時なら、７月限・８月限・10月限）が取引されています。

「売り」に挑戦！

そして、最後に選ぶのが、「買い」か「売り」か、です。

株であれ、投資信託であれ、一般の取引であれば、「買い」しかありません。「売り」たくても、まずは「買い」をしてからです。

しかし、先物取引では、**いきなり「売り」から入ることができるのです。**

そして、売った場合には、日経平均が値下がりすると儲かるのです。

たとえば当時、６月限の先物を１万４０００円で売っておけば（決済日に、日経平均を１万４０００円で売る契約をしておけば）、決済日に決定されるＳＱ値で清算されることになります。仮にＳＱ値が１万３０００円であれば、１万３０００円で買い戻すことにより、１０００円儲かるのです。

もっとも、決済日を待たずに、先物価格が下がったところで決済しても（買い戻しても）かまいません。

株価が下落基調にあれば、「将来、日経平均は下がりそうだ」と皆が思って、先物価格も下がることでしょうから。

すなわち、先物取引の「売り」を使いこなすことで、下げ相場であっても、儲けるチャンスがあるのです。

人とは違うことをしたい……という天邪鬼な人間（私もその一人）には、うってつけの手法かもしれませんね。

株価が下落して皆が悲鳴を上げる中で、「私は儲かっていますよ、なぜなら、**先物で「売って」いますから**」と、ドヤ顔で言ってみたいというのが、私のささやかな（そして屈折した）夢です。

そんな夢を叶えるためにも（?）、いろいろと戦略を考えながら、先物取引デビューに備えて、いつもより3時間も早めに床に就いたのでした。

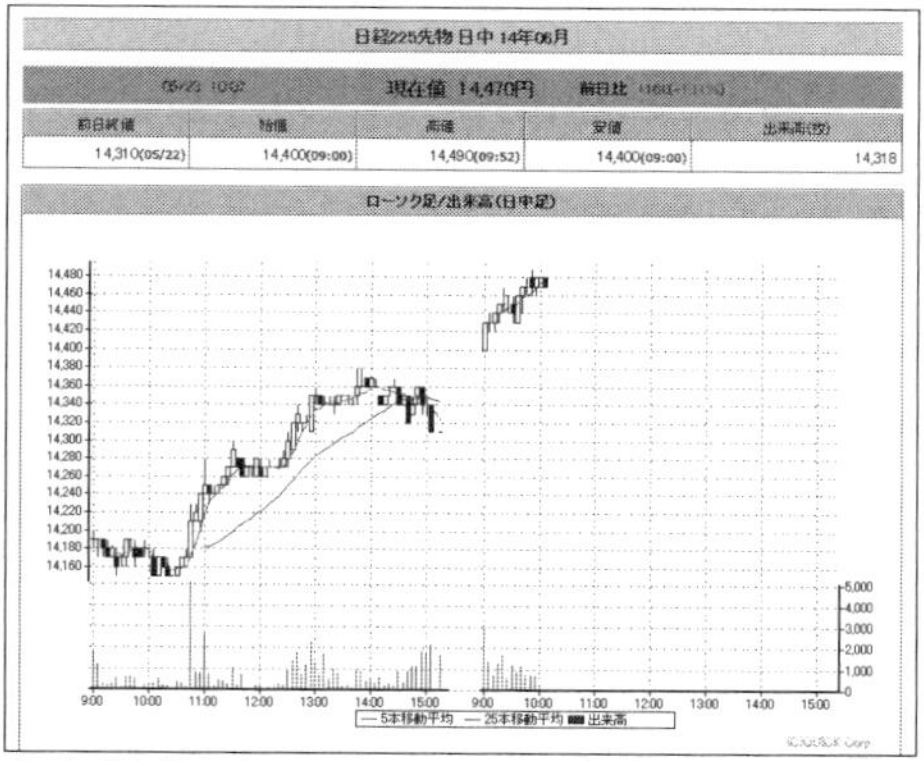

5月22日から23日にかけての上昇トレンド。数日の動きだけを見ると、これから上昇するように見えるが……。（マネックス証券ホームページより引用）

先物デビュー…その結果は？

２０１４年5月23日（金）、その日が私の先物取引デビュー日でした。

天気はどんより薄曇りで、私にとっては、まさに投資日和。あまりにスカッと晴れていると、部屋に籠ってパソコンに向かってブツブツ考えているのが苦痛になるのは、私だけではないはずです。

さっそく、マネックス証券にログインして値動きを確認すると……かなりの上昇トレンドです。

上の画像は、前日（5月22日）から当日の朝にかけての値動きです。

見るからに、ググッと上昇していますよね。前日は３００円ほど上昇しましたが、

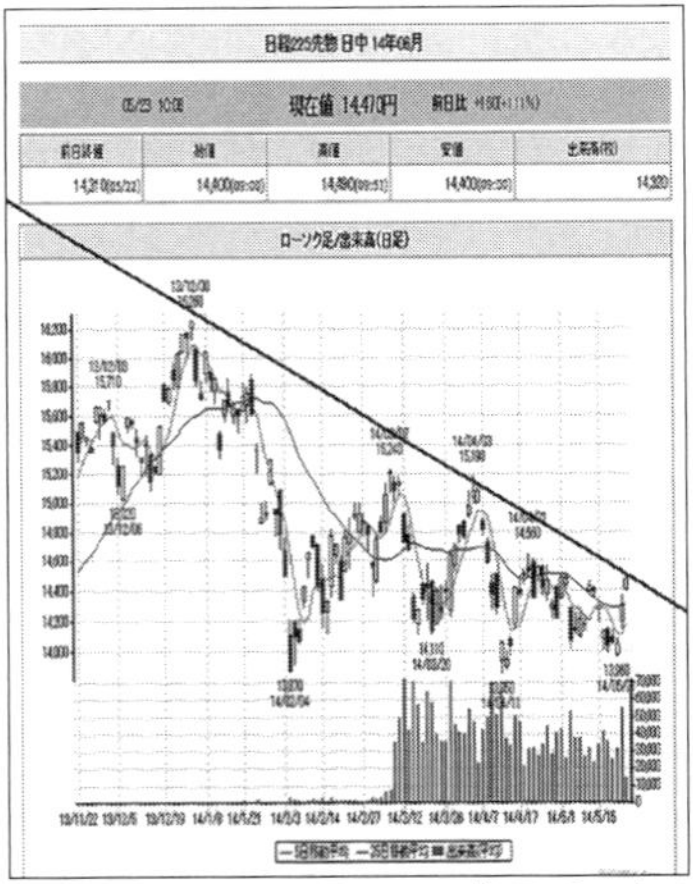

トレンドラインを見ると、値下がりする可能性が高いことがわかる。（マネックス証券ホームページより引用。ただし直線は筆者による）

その日はそこから100円以上値上がりしてのスタートで、さらにグングン上がっています。

これだけ見れば、これから日経平均は上がっていくのか……と思ってしまいますよね。

でも、もう少し視野を広げてみると、実は、また違ったものが見えてくるのです。

上の画像は、ここ3ヵ月間の値動きですが、これは典型的な**「右肩下がり」**ですね。

ザックリと太線を引っ張ってみましたが、これをトレンドラインと言います。

このように右肩下がりの場合、トレンドラインは上値抵抗線ともなり、このラインまで上がってくると跳ね返されて、また下がってしまう傾向があるのです。

もちろん、このラインを突き破って上がってくることもありますが、それは何らかの好材料が出た場合のこと。今のところ、このトレンドラインを突破するのは容易でないと考えています。

となると、トレンドラインに近づいてきた今は**絶好の「売り」のチャンス**です。

というわけで、前日に練った戦略通りに、日経225ミニ（6月限）を1万4470円で、1枚「売り」ました。

いつもなら、株を買ったら「上がれ、上がれ」と念じるのですが、今回は、**「下がれ、下がれ」と念じます**。先物の「売り」なので、値下がりすれば儲かるのですから。

しかし、祈りむなしく、サクッと10円値上がりして1万4480円に。

いきなり1000円のマイナススタートと、初の先物取引は、**幸先の悪い出足**となりました。

一進一退の攻防が続く

さて、当日（5月23日）の日経平均先物は1万4400円で始まり、一気に1万4500円まで値段を上げてきました。

そこからは1万4500円を挟んでの、一進一退の攻防が続きます。

私は1万4470円での「売り」ポジションなので、常に2000円~5000円程度の含み損を抱えているという、じつに気が重い状態が続きます。

上がるな、下がれ下がれ……と、普段とは逆の感覚に戸惑いながらも、先物の「売り」ポジションにようやく慣れてきた頃には、お昼になっていました。

朝9時前からパソコンに張りついて、気が付けば、なんと昼の12時過ぎです。

通常の株取引であれば、11時半から12時半まで昼休みです。しかし、先物取引には昼休みはありません。朝9時から始まって昼の3時半まで、ずっと取引できるのです。

ずっと取引できるとはいえ、さすがに疲れてきたので、ここで昼休憩を取ります。

その日は、投資を最優先にと決めていたので、昼飯はカップ麺で済まします。賞味期限が来月に迫っている「6月限」を選び、決済（賞味）しました（意味なく、ムリヤリ先物用語を使ってみました）。

カップ麺なので、サクッと食べ終えて、1時過ぎに再び参戦。

席を外していたのはわずか30分程度ですが、「いきなりドカンと上がっていたらどうしよう……」と恐る恐るパソコンを立ち上げますが、相変わらず1万4500円前後で膠着しています。

その後も、膠着状態は続きます。

含み損を抱えての膠着状態は、精神的に疲れます。疲れますが、必死に「下がれ、下がれ」と祈りながら、画面を凝視し続けました。

すると、祈りが通じたのか、3時あたりから、先物価格はスルスルと下がっていくのです。どうやら、ウクライナ大統領選や欧州議会などを控え、いったん売っておこうか……との動きがあったようです。

結局、先物市場が終わる15時15分には、1万4430円まで下がりました。

1万4470円での「売り」を持っていたので、現時点で決済すれば（1万4430円で買い戻せば）、**とりあえずは4000円の儲け**です。

ちょっとした小遣いを稼いだ感じですが、日中、ず～っとパソコンに張りついていたことを考えれば、微妙な金額です。

9時から16時まで張りついていましたから、**時給にすると600円也**。

これだったら、ミニバージョンではなく、通常バージョンでやっていれば、4万円の儲け（時給6000円）だったのに……と、勝手なことを思いながらも、損失が出なくて良かったと、ホッとしたのも本音です。

さて、通常の株取引であれば、その日の取引はこれで終了です。

しかし、先物取引の場合、ここから「夜間立会」があり、夕方から夜にかけても取引ができるのです。いわゆる夜の部で、取引時間は夕方4時半から深夜3時（当時）まで。

なので、日中取引が終わったばかりですが、もうすぐ、夜の部が始まるのです。ただ、さすがに7時間も神経を使ってパソコン前に張りついていたので、少し休憩することにしました。

なぜ、あのときに決済しなかったんだ

風呂に入って、ゆっくり晩飯を食べて……夜7時頃からはまた、先物取引に参戦です。

おそらくその日の私は、半径5メートル圏内で生活していました。その日は、完全に先物取引に捧げた1日と言っても過言ではありません。

さて、昼休憩の30分と違い、3時間以上パソコンから離れていたので、かなりドキドキ

して先物価格を確認しました。

4000円の含み益はどうなったのか？

……すっかりなくなっていました。

夜間立会が始まってから、日中1万4430円で終えた先物価格は急上昇、一気に1万4500円まで上がっていたのでした。4000円の含み益は、3000円の含み損に変わっていたのです。

含み益がなくなり、含み損に……「なぜ、あのときに決済しなかったんだ」と、自責の念に捉われる、投資の中でも、一番悔しいパターンです。

さて、そこからはまた含み損を抱えての、膠着状態が続きます。

なんだか今日は地味にしんどいなぁ、と感じつつ、気が付けばもう夜中の11時前です。先物取引に慣れたのか、それともこの膠着状態に慣れたのか、日中よりも時間が経つのが、格段に早く感じました。

前述しましたが、先物取引は、深夜3時（当時）まで取引ができます。ですが、次の日は早朝釣りの予定を入れていることもあり、その日はここで終了することにしました。

ただ、ポジションを持ったまま土日をまたぐと、週末に何か材料が出て、週明けに大きく動くと恐いので、ここでいったん、決済をすることにしました。

結果、1万4500円で決済をして、**3000円の損失**となりました。

12時間以上、神経を使いながらパソコンに貼りついての結果です。

1日を通じて、全体的に地味な展開で申し訳ないですが、これがリアルな結果です。

余談ですが、私の先物デビュー日のちょうど1年前（2013年5月23日）、日経平均株価がどれだけ動いたか、ご存じでしょうか？

なんと、1日で1143円下落するという、歴史的な日だったのです。

先物デビュー日がその日であれば、この日経225ミニ1枚というショボイ取引でも、1日でなんと10万円以上の儲けとなります。

もし、ミニではなく、通常の日経225先物であれば、なんと100万円以上の儲けだったのです。

と、豪勢な妄想をしましたが、実際に私が取引したのは、2014年5月23日です。そして、日経225ミニ1枚を取引して、3000円の損失を出したのが現実です。大儲けでも大損でもなく、中途半端な結果でした。

手放した後も気になる

さて、それから一夜明けやらぬ、土曜日の早朝5時。

釣り道具のチェックよりも、先物価格のチェックへと、自然と体が動きます。昨晩11時過ぎに決済したとはいえ、**「あれからどうなったのだろう……」**と、かなり気になっていたのです。

確認すると、金曜の夜間取引終了時点（深夜3時）で、1万4580円まで上昇。

1万4500円で決済したので、そこから80円の値上がりです。ということは、もし決済しないで「売り」ポジションを持ち続けていたら、さらに8000円（80円×100倍）の損失が発生したわけです。

これには、手放しておいて助かったと、素直にホッとしました。

さらには、8000円損しないで助かった……これを、**8000円儲かった**、と都合よく解釈してしまう楽観的な性格なので、3000円の損失にもかかわらず、清々しい気持ちで釣りに挑むことができたのです。

これがもし、決済後に値下がりしていたなら、「決済しないで、あのまま持ち続けていたら、儲かったのに！」と、メチャクチャ悔しがったことでしょう。

先物取引に限らず、こうやって手放した後にアレコレ考えるのは、男性に多いようです。保有しているときよりも値動きを気にして、「手放して良かった」とホッとしたり、「手放さなければ良かった」と悔しがったり……。女性の方が、手放した銘柄はサッパリ忘れて、次にアタックしていくと言います（あくまでも一般論ですが）。

ちなみに釣果は、季節外れのベラが1匹のみで、どう見積もってもスーパーでの売値は100～200円程度。残念ながら、前日に先物取引で被った3000円の損失を取り戻すことはできませんでした。

さっそくネタにして、元を取る？

週明け、起きて即、先物価格をチェックします。

すでに決済しているので気楽な立場ではありますが、週末にあれだけ値動きを追っていたので、どうしても気になってしまうわけです。なので仕事中にも、ちょくちょく携帯で先物価格をチェックします。

幸いその日は、携帯で堂々と、株価をチェックできる仕事でした。

その仕事とは、地元カルチャーセンターでの講座「1万円から始める株式投資」の講師です。

この講座では、講師（私）が自腹で50万円を用意して、実際に株式を売買します。そして、そのリアルな売買を題材にして、株式投資を勉強しようという実践的な講座です。

すなわち、講師みずからが身銭を切るという、私にとっては何だか罰ゲームのような、**極めて生々しい講座**なのです。

ただ、カルチャーセンターからの報酬は交通費程度なので、その運用成果が、私の講師報酬となります。

なので、1回あたり10万円を超える報酬になることもあれば、逆に、仕事をしたのに、数万円単位のマイナスになることも珍しくありません。正直言って、かなり怖い仕事です。

日経平均先物は、この講座での売買対象ではありません。しかし、当講座の題材としてはうってつけのネタなので、（多少強引に）講義内容に組み込みました。なんとかして、先物取引で被った3000円を、少しでも取り戻すべく……。

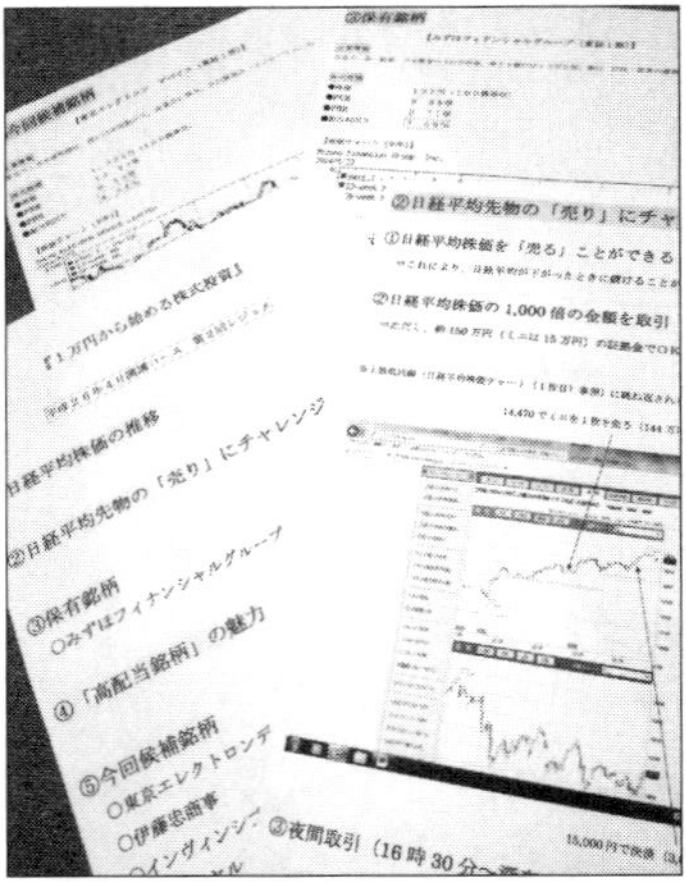

筆者が作った講座用レジュメ。体を張って得た非常にリアルなデータだ。

ちなみにこの講座、「初心者対象」という触れ込みですが、受講生の方は株歴ウン十年という方ばかりです。

しかし、日経平均先物については、「聞いたことはあるけど、実際に取引したことはない」とのこと。なので、非常に興味を持って、積極的に質問などもなされ、いつも以上に活発な講座となりました。

直接に日経平均先物を取引していなくても、先物価格の動きは、実際の日経平均株価（これを「現物価格」という）に大きな影響を及ぼします。たとえば、「先物主導で、日経平均株価は下落した」といった記事などを読んだことのある人は多いはずです。

そういった意味では、先物取引も網羅することで、この講座の幅は広がったと自負しております。

さて、講義中もチェックしていた先物価格は、その日も膠着状態。

結局、日中取引は1万4585円で終えることになりました。そしてあらためて、「週末に、1万4500円で決済しておいて良かった」と、ホッとするのでした。

先物取引はあやしいのか？

冒頭で触れたように、先物取引は「危ない」「あやしい」とのイメージは強いのですが……実際に先物取引をやってみての私の実感は、次の通りです。

もし「危ない」とすれば、それはついつい熱くなってしまったときです。


先物取引では、少ない資金（証拠金）で大きな金額を取引できます。

私がチャレンジしたのは「ミニ」でしたが、それでも約12万円の証拠金で約145万円の取引をしておりました。1000万円あれば1000万円以上の取引が、1000万円あれば1億円以上の取引ができるわけです。

なので、ちょっとしたことで大きく儲けたり、損したり……そして熱くなってしまうのです。

壊滅的な大損をするパターンとしては、証拠金が足りなくなっても、**「もう少し踏ん張れば……」**と、証拠金を継ぎ足して継ぎ足して泥沼にはまっていくというパターンです。
これ、完全に熱くなっているケースです。

熱くさえならなければ、先物取引は、資金効率のよい取引で、売り（値下がりでも利益の出せる）もできる、非常に「使える」取引なのです。

つまり、**先物取引が危ないかどうかは、心構えの問題なのです**。

熱くならないためには、「損失が○○万円になったら決済」「証拠金が足りなくなったらゲームオーバー（証拠金は継ぎ足さない）」など、**リスク管理のルールをしっかり決めておくこと**です。

そして、ルールを決めることより大切なのが、**そのルールを絶対に守ること**です。

これは先物取引に限らず、投資における大原則です。

多くの人は、それなりに自分のルールを決めて、投資に挑んでいます。しかし、そのルールを徹底して守ることができる人は、案外少ないのです。

きちんとルールを決めていても、「いや、**あとちょっと持っていれば絶対に上がるから**……損失は○○万円までにしよう」などと、自分で決めたルールを、都合よく変更するのです。

一度変更してしまうと、もうルールは完全に骨抜きです。こうなってくると、「状況に合わせてルールは変更するべきだ」と、状況に合わせて、その場その場の判断で取引するようになります。臨機応変と言えば聞こえはよいのですが……これ、もう熱くなっている状態ですね。

さきほど、熱くならないためには……とは書きましたが、これは気質の問題でもあるので、人によっては「熱くなるな」というのは無理でしょう。

であれば、熱くなってもよい、と考えましょう。

熱くなってもよいので、最初に（冷静なときに）決めたルールは絶対に変更しないで守ることだけは徹底するようにしたいものですね。

あと、「あやしい」かと言われれば、先物取引そのものは、決してあやしくはありません。

日経平均先物は、大阪取引所に上場している（シカゴ・マーカンタイル取引所とシンガポール証券取引所にも上場されているが、本書では割愛）金融商品で、きっちりとマーケットが整備されています。大阪取引所でしっかり管理されているので、日経平均先物そのものが破綻することはありません。

我々は証券会社に注文を出し、その注文が取引所に取り次がれて、取引が行われます。

そして、その窓口となる証券会社についても、無茶な勧誘等がないよう、しっかりと規制されているのです。

かつては、少々強引な勧誘も、それなりにありました。

とくに、商品先物取引については、かなり強引な勧誘もありました。

ウィキペディアで「商品先物」を検索すると、「以前は、手当たり次第に新規顧客を開拓し、それらに無理な売買を勧め、**金銭的破綻に追い込む「客殺し」と呼ばれる取引員が多数存在していた**」といった物騒な記述もあるくらいです。

先物取引は怖い……とのイメージは、この商品先物取引からきているのかもしれませんね。

実は私も、『ナニワ金融道』(作：青木雄二)という漫画を読んで、先物取引って怖いんだなぁ……と、漠然と思っておりました。たしかストーリーでは、小学校の教頭先生が、商品先物取引業者の営業マンに嵌《は》められ、破綻していく様が、リアルに描かれていました。

もちろん今では、業者に対する規制は強化され、トラブルは格段に減っております。

そもそも、今回はネット証券での取引なので、勧誘自体ありません。

とはいえ、世間一般には、まだまだ「先物取引はあやしい」とのイメージが強いかもしれません。

しかし、そのイメージに縛られて、まったくもって先物取引を敬遠してしまうのはもったいないですね。実際に取引するかどうかはともかく、少なくとも、その仕組み程度は知っておいて損はないかと思います。

本章が、その一助になれば、幸いです。

今後の展望

2014年5月23日の「先物取引デビュー」を終えてからも、しばらくは日経平均株価の動きが気になって仕方ありませんでした。

決済後も毎日チェックをしていたのですが、5月下旬から日経平均株価はグイグイ上がり、6月に入ると1万5000円を超えてきたのです。

1万4500円で決済していたので、もし、あのままズルズル持ち続けていれば、さらに5万円（500円×100倍）以上の損失だったわけです。

今回は手堅くミニバージョンでの取引でしたが、下手にカッコつけて、これを果敢にも通常バージョンでやっていたなら、なんと50万円（500円×1000倍）以上の損失を被っていたところです。

これには、あらためて先物取引のリスクの大きさを感じました。

なので、結局3000円の損失ではありますが、今となっては、**50万円以上儲かったかのような、清々しい思い**をしております。

今回、傷が浅くて済んだのは、カッコつけずに手堅くミニバージョンで取引したからです。

それともうひとつ、ズルズル取引を続けずに、サクッと損切りできたからです。

先物取引では、**短期勝負**が一般的です。

なぜなら、大きなリスクを背負うから。わずかな証拠金でその何倍もの大金を取引するので、相場が大きく動いたときには、とんでもない金額が動いてしまうからです。

なので、あらかじめ損切りラインや利益確定ラインをしっかり決めて、そのラインに達したらサクッと決済してしまうつもりで先物取引に挑むのです。

つまりは、短期勝負のギャンブルと言ってもよいでしょう。

ただ、損切りについては、損失を確定させるのに抵抗を感じ、**「もうちょっと待てば**

……」と、サクッと決済できないケースが少なくありません。短期勝負のつもりが、ズルズル決済しそびれて……大損してしまうのです。

だからこそ、今回の取引では、思惑が外れましたが、すぐにサクッと損切りできたことを自画自賛しております。

ちなみに、当初は1万円程度の損切りラインを考えておりましたが、週をまたぐことに不安を感じて、早めの損切りをしました。

多少のお金は失いましたが、**自信は失っておりません**。

ですので、また機会を窺っては、先物取引にリベンジする予定です。具体的には、「そろそろ、この上昇トレンドも息切れか？」とのタイミングを狙って、**またもや「売り」から入ろうと目論んでおります**。

そして、今度こそは、「先物の「売り」で、〇〇万円儲かりました」と、どこかで華麗に披露する予定です。そのときには、今回の損失をプロローグとして活かしてやろうと、目論んでおります。

❹ トランプ大統領の往復ビンタ

虎視眈眈とリベンジを目論む中で、ときに、株価は大きく動きます。

たとえば、2016年6月のイギリス国民投票。

大方の予想に反して、イギリスのEU離脱が決定。このようなサプライズが起こった際には、株価は大きく動きます。その日はなんと、一気に1300円近くもの下落。

もし、EU残留を見込んで「先物買い」をしていれば、1日にして130万円（1300円×1000倍）の損失です。ミニ取引でも13万円の損失です。これには先物取引目線であらためて、その変動の大きさを実感しました。

また、同じく2016年11月のアメリカ大統領選挙。

これも大方の予想に反して、トランプ氏が勝利。過激な発言を繰り返すトランプ氏は日本にとってマイナス（不透明）部分が大きく株価は暴落、その日は1000円近いマイナスとなりました。クリントン氏勝利を見込んで「先物買い」をしていれば、1日で100万円近い損失です。

さらにその後、クリントン勝利に賭けて大損した投資家の多くは、翌日も株価は暴落すると予想し、すぐさま、今度は「先物の売り」を仕掛けたのです。
それがなんと翌日、今度は一気に1000円以上も値上がり。
結果、先物の売りをしていた人は、ここでも100万円以上の損失となりました。
選挙当日の暴落でバチン、翌日の暴騰でもバチン、これを「往復ビンタ」と言います。
完全に裏目裏目の結果ですね。

そんなダイナミックな動きにビビりながら、なかなか先物リベンジはできていない状況ですが、先物取引目線で、そのダイナミックな動きを楽しんでおります。

【先物取引の収支】
3000円の損失

日経平均の下落を予想し、「売り」から入りましたが、読みが外れて損失となりました。それでも、ミニでの取引、損切りを徹底したおかげで損失は3000円と、最小限で抑えることができました。
これなら、先物取引の体験料として割り切れる金額です。

おわりに

で、結局のところ、あやしい投資で儲かったのか？

一番気になるところですね。

それぞれの成果については、各章末に記した通りです。

そして、すべてを合計した結果、140万円~150万円ほどの収益となりました。

これにはホッとしました……これがもしマイナスだったら、本書は「結局、損した人間の愚痴だろ」と、切り捨てられたかもしれないのですから。


今回、あやしい投資に首を突っ込み、あらためて大切だと感じたことがあります。

それは、「これはヤバい！」と感じたときに、サクッと退散すること、いわゆる**「早めの損切り」**です。

そして、**決して熱くならないこと**です。

先物取引では、日経平均が下落するという読みは外れました。しかし、潔くスパッと決済することで、損失はわずか3000円で抑えることができました。もし、ズルズルと持ち続けていると、損失は5万円以上に膨らんでいたことでしょう（245ページ参照）。

新規公開株では、公募価格割れという**ババ銘柄**も掴んでいます。しかし、初値付近でサクッと売ることで、ウィルグループで約1万円、ジャパンディスプレイで約3万円の損失に抑えることができました。もし、ズルズルと持ち続けていると、ウィルグループで10万円以上、ジャパンディスプレイで15万円以上まで損失は膨らんでいた可能性があるのです。

そして何といっても、和牛オーナーです。ヤバいと思って資金を引き揚げた直後、安愚楽牧場が経営破綻したことは、第3章で触れたとおりです。もし、「でもまぁ、大丈夫だろう」などと呑気に構えていれば、約100万円の投資金額はパーになってしまっていたのです。

これらは、早めの損切りができて、傷が浅く（もしくは無傷で）済んだ事例です。

しかし、早めの損切りができずに、大ケガも負っています。

未公開株では、投資した株式のほとんどは紙屑になって、60万円もの損失です。そうなる前に、グリーンシート市場で売ることもできたはずですが、「せっかく買ったんだから……」と、いざとなると売れませんでした。

FXでは、南アフリカランドの大暴落により、証拠金200万円の大半を失いました。

これはヤバい、と思ったときにすぐに決済していればよかったのですが、毎日もらえるスワップ金利を失いたくなくて、強制決済されるまで放っておいたのです。

残念ながら、早めの損切りができなかった未公開株やFXですが、熱くなって、更なる資金を追加しなかったことが、まだ幸いでした。

「他にも有望な未公開企業があるはずだ！」と、他の未公開株にも投資していても、おそらく結果は同じだったことでしょう。グリーンシート銘柄の多くは、指定廃止の憂き目にあっているのですから。

「証拠金を継ぎ足して、何とか耐えしのげば……」と、南アフリカランドを保有し続けたとすれば、さらに数百万円もの損失が出たであろうことは、6章で書いたとおりです。

熱くなって資金を追加していれば、間違いなく大ケガを通り越して、**致命傷**を負っていたことでしょう。そうなれば、本書を書く精神的余裕はなかったと思います。

今後も、あやしい投資にはドンドン首を突っ込んでいくつもりですが、決して熱くならないようにという点だけは、気をつけたいと思っています。

さて、本書のテーマは「あやしい投資」ですが、最後までお読みいただき、いかがでしたでしょうか？

本書には7つの投資体験談を記載していますが、同じ項目を読んでも、「これは別に、あやしくないのでは？」「おぉ、これはあやしい……」と、人によって、その感じ方は違うかもしれません。

それもそのはず。

本文でも書いていますが、そもそも、**「あやしい」かどうかは、極めて主観的なものだ**からです。そして人は、自分が知らない、分からない、体験したことがないものは、あやしいと感じるものです。しかも、それが「儲かりますよ」などと言われたときには、余計にあやしいと感じるものです。

つまり、投資の知識・経験の乏しい人にとっては、ほとんどの投資が、あやしい投資になってしまうかもしれないのです。

それこそ、一般的な株式投資であっても、「あやしい」と感じる人もいるわけです。

そして、あやしいと感じたら、普通は避けて通ることでしょう。

これは、もったいないことです。

なぜなら、一見あやしいと感じられる投資の中には、実はすごく有利な投資、勉強になる投資、純粋に面白い投資などもあるからです。

これらにチャレンジすることで、投資の、いや、人生の選択肢が広がると言っても過言ではありません。

知識を身につけるほどに、あやしいと感じる投資は減っていきます。

ただし、知識を身につけるためには、行動しなければいけません。

本を読む、ニュースを見る、セミナーに参加する……そして何より身につくのは、思い切って実際に投資してみることです。

本書はまさに、その**疑似体験**だったのです。

本書をお読みいただくことで、皆さまの今後の投資、そして人生の選択肢を広げる一助となれば、幸いです。


なお、本書の内容には万全を期していますが、経済情勢・投資環境の変化や法改正等により、今後、実状とそぐわないケースが出てくるかもしれません。また、投資に関する考えや相場感などは、私の個人的見解となっています。

本書を参考に投資をされる際には、そのあたりをご理解いただき、自己責任のもとで、よろしくお願い致します。

【著者略歴】

藤原久敏（ふじわら・ひさとし）

1977年生まれ。大阪市立大学文学部哲学科卒業。

尼崎信用金庫を経て、2001年に藤原ファイナンシャルプランナー事務所開設。当時、全国最年少での独立系ファイナンシャルプランナー。

著書は累計22冊、累計部数は約20万部。主な著書に『10年後に1000万円の差がつくたった3つの考え方』（小社）、『藤原久敏の退職後の資産運用のあり方』（ローカス）、『ＦＰの極意がわかる本』（ＴＡＣ出版）など。

大阪経済法科大学経済学部非常勤講師、阪南大学キャリアセンター講師。

藤原アセットプランニング合同会社代表。

資格：１級ファイナンシャルプランニング技能士
ＣＦＰ®

あやしい投資話に乗ってみた

平成29年1月12日第一刷
平成29年1月18日第二刷

著　者　藤原久敏

発行人　山田有司

発行所　〒170-0005
株式会社　彩図社
東京都豊島区南大塚3-24-4
MTビル
TEL：03-5985-8213　FAX：03-5985-8224

印刷所　新灯印刷株式会社
URL　http://www.saiz.co.jp　https://twitter.com/saiz_sha

ISBN978-4-8013-0195-5 C0136

この作品は平成26年8月に当社より刊行された『あやしい投資話に乗ってみた』を文庫化したものです。